ネットワーク時代の落とし穴

CONTENTS

はじめに

　ネットワーク技術は、もはや社会や経済の中心と言っても過言ではないほど、現代社会に溶け込んでいます。

　特に、オンラインでの金銭のやり取りや、「仮想通貨」などが非常に活発になりました。

　また、コロナ禍におけるテレワークや、AI技術の発達によって「ディープ・フェイク」などの新たな手口も登場しています。

*

　そんな便利さには、"落とし穴"とも思える危険があります。

　「サイバー犯罪」の犯罪者側もまた、さまざまな手口を講じてきているのです。

*

　本書は、実際に起きたネット犯罪の経緯や原因など詳細に解説したものです。

　どのような手口が横行しているのかを知り、最新事情に備えましょう。

　本書は、月刊「I/O」に掲載した記事を基に再構成し、大幅に加筆したものです。

Case 1 「サイバー犯罪の"インフラ"」として成長を続ける、「Emotet」

> 「電子メール」は現在でも「マルウェア」の主要感染経路の一つですが、2019年に入ってからの「マルスパム」は、とある「マルウェア」に席巻されつつあります。
>
> その「マルウェア」とは、「Emotet」(エモテット)。
>
> 今やサイバー犯罪の"インフラ"となってしまった「ボット型マルウェア」です。

サイバー犯罪の"インフラ"となった「Emotet」

2019年5月、米セキュリティ企業「proofpoint」社は、2019年第一四半期のサイバー脅威レポートの中で、とある「マルウェア」の影響力増大に関して、警告を発しました。

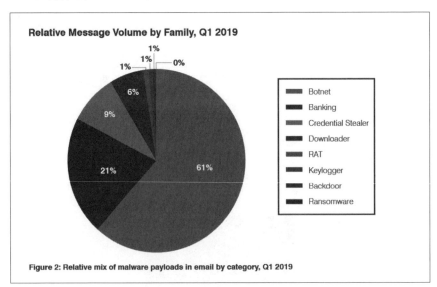

Relative Message Volume by Family, Q1 2019

1%
1%
1%
0%
1%
6%
9%
21%
61%

- Botnet
- Banking
- Credential Stealer
- Downloader
- RAT
- Keylogger
- Backdoor
- Ransomware

Figure 2: Relative mix of malware payloads in email by category, Q1 2019

「マルスパム」の大半は「ボット・ネット」
(proofpoint 社 Quarterly Threat Report - Q1 2019 より)

*

「電子メール」は、現在でも「マルウェア」の主要感染経路の一つです。

2019年第1四半期の「マルスパム」、すなわち「マルウェア感染などの危険があるスパムメール」の、実に過半数が、「Emotet」と名付けられた「ボット型マルウェア」で占められていたというのです。

*

「Emotet」が構成する「ボット・ネット」の規模は、2018年末の時点で最低数十万ノードと言われており、しかもこれは、「グローバルIPアドレス」単位での話です。

つまり、LAN内の「ローカルIPアドレス」の感染端末数まで含めると、すでに感染は空恐ろしいほどの規模にまで広がっていると考えざるを得ません。

*

加えて、「Emotet」は時に一日数回にも及ぶこまめなアップデートを繰り返し、検出・解析回避に「機械学習」まで取り入れている可能性がある、極めて高度な「Malware-as-a-Service」※でもあります。

※ サービスとしてのマルウェア：MaaS

マイナーな「バンキング・マルウェア」から高度な「MaaS」へ

「Emotet」が最初に確認されたのは、2014年6月ごろです。

当時の「Emotet」は、「Mealybug」と呼ばれるサイバー犯罪集団が使い始めた、よくあるタイプのマルウェアの1つにすぎませんでした。

なお、登場当初の「Emotet」は、電子メール経由で感染する「バンキング・マルウェア」、すなわちネット銀行のアカウント情報窃取を目的とする「トロイの木馬型」のマルウェアでした。

*

しかし2017年、「Emotet」は大きく変化します。

悪意ある「JavaScript」を仕込んだ「PDFファイル」や、MS Office文

書のマクロ経由での「PowerShell」の悪用、さらには米 NSA から流出した
エクスプロイトである「Eternal Blue」や「Double Pulsar」のバックドア
を利用するなど、感染手口が急激に高度化。

　また、マルウェア本体も、「解析」や「検出」を回避するため高度な「ポ
リモーフィック型マルウェア」に改造されたことで、恐るべきマルウェアへ
と変身したのです。

＊

　では、なぜ、「Emotet」はこれほど急激に変化したのでしょうか？
　結論から言うと、「Emotet」の「MaaS」化に必要だったからです。

＊

　「Emotet」は、このころからその目的を、"サイバー犯罪のインフラ構築"
にシフトしました。

　つまり、他のサイバー犯罪者たちを相手に、「マルウェア配信」や「DDoS
攻撃」の"サポート"を提供することを"本業"にしたわけです。
　そのための強力な「ボットネット」構築に必要だったのが、**「強力な感染
力」**と**「解析や検出から逃れる秘匿性」**だった、というわけです。

＊

　実際、このころから「Emotet」自身は、悪意ある活動をほとんど行なわず、
「感染を広げること」、それ自体を目的とするマルウェアになりました。

　そして、偽の請求書に偽装したマルスパムをばらまく大規模な攻撃キャン
ペーンを何度も繰り返すことで急速に感染を拡大。
　2018 年には大手企業や公的機関で大規模な被害が相次ぎ、夏には米 US-
CERT が警報を発令するほどの脅威へと成長してしまいました。

「Emotet」の活動の概要

　では、「Emotet」の活動の概要を見てみましょう。

＊

　なお、「Emotet」は「自己アップデート機能」を備え、頻繁にアップデー
トされるため、亜種によって動作が異なりますが、ここでは 2018 年末、三

井物産セキュアディレクションから発表されたレポートをベースに、その概要を説明します。

> ・三井物産セキュアディレクションによる「Emotet」の分析レポート
> https://www.mbsd.jp/blog/20181225_2.html

■ メールと「PowerShell」を悪用する感染手法

「Emotet」の最大の感染経路は、**「電子メール」**です。

「Emotet」の「マルスパム」は、不正な添付ファイルや、本文に記述された不正な URL を使って、「Emotet」の感染を試みます。

*

「添付ファイルを利用するタイプ」の場合、利用されるのは不正な「JavaScript」が仕込まれた「PDF ファイル」や、不正な「マクロ」が埋め込まれた「MS Office 文書」です。

一方、本文中の URL を利用するタイプでは、URL のアクセス先 Web サイト上で不正なコマンドが実行されます。

「Emotet」の不正なマクロが埋め込まれた MS Office 文書。
マクロを有効にするよう要求される
（キヤノンマーケティングジャパン社マルウェア情報局より。一部改変）

　ちなみに、いずれの場合も、「Emotet」は「JavaScript」や「マクロ」「Windowsの脆弱性」を悪用して、難読化されたコマンドを実行します。

　コマンドの実行は、「コマンド・プロンプト」と「PowerShell」を使って多重処理され、最終的には複数の不正なサイトにアクセスし、「一定以上のサイズの応答」があった場合のみ、これを「%temp%フォルダ」（Windows10では通常「¥Users¥<ユーザー名>¥AppData¥Local¥Temp」）に「###.exe」（#はランダムな数字）のファイル名で保存します。

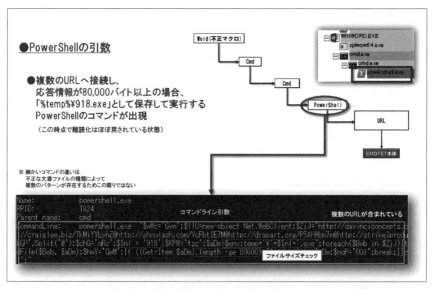

難読化されたコマンドが「コマンドプロンプト」「PowerShell」を使って多重処理される
（※三井物産セキュアディレクションより）
<< ※※元画像 https://www.mbsd.jp/blog/20181225_2.html>>

> ※ なお、アクセス先となるのは多くの場合、不正に改ざんされたり乗っ取られて「Emotet」の配信基地となってしまったWebサイトで、「###.exe」は「Emotet」の本体です。

☑ Check!

「Emotet」は亜種にもよりますが、「マルスパム」を使った感染活動以外に、「EternalBlue」などの脆弱性を悪用した感染活動や、パスワードリストを利用した総当たり攻撃による感染活動も行ないます。

そのため、ネットワーク内の一台が感染してしまうと、多くの場合、ネットワーク全体が「Emotet」に汚染されることになります。

■「機械学習」で検出・解析を回避？

「%temp% フォルダ」に「###.exe」（=「Emotet」の本体）が保存された段階で、端末は「Emotet」に侵入されたことになります。

ただし、他の多くのマルウェアと違って、「Emotet」の感染活動はここからが非常に慎重、かつ巧妙です。

*

「%temp% フォルダ」に保存された「###.exe」は、プロセスとして実行されると、まず「%LOCALAPPDATA% フォルダ」（「Windows10」では通常「¥Users¥< ユーザー名 >¥AppData¥Local」）内に「ランダムな文字列」のフォルダを作り、さらにその中に「< ランダムな文字列 >.exe」のファイル名で自身のコピーを作ります。

そして、「%LOCALAPPDATA% フォルダ」内の自身のコピーを起動すると、「コピー元」である最初の「Emotet」、つまり「%temp% フォルダ」内の「###.exe」は自動削除され、そのプロセスも終了されます。

*

一方、新たに作成された「%LOCALAPPDATA% フォルダ」内の「Emotet」は、起動されると内部に保存されている複数の C&C サーバのアドレス宛に、十数分おきに順に接続を試み、"生きている" C&C サーバからの応答を待ちます。

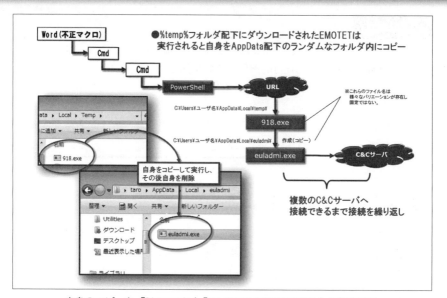

自身のコピーを「%temp%」「%LOCALAPPDATA%」に保存する
（三井物産セキュアディレクションより）

　ただし、ここが「Emotet」の厄介なところなのですが、「Emotet」には、自身が起動した環境によって、本格的に活動を開始するか否かをコントロールする機能が備わっています。

　具体的には、(A)「Emotet」が起動した環境が、マルウェア解析に利用されることが多い仮想 PC 環境であったり、あるいは (B)「Emotet」の挙動を妨げるセキュリティソフトなどが動作している場合——には、接続先が"生きている"C&C サーバであっても、まともなレスポンスが返ってこないようになっているのです。

＊

　「Emotet」は実は、「C&C サーバ」へ接続を試みる際に、感染端末内のプロセス一覧を、「Cookie ヘッダ」や「HTTP リクエストのメッセージボディ」を悪用する形で送信するようになっています。
　つまり、「C&C サーバ」側はこれをチェックした上でレスポンスを返す仕組みになっているわけで、活動の妨げになるような環境では、「Emotet」は本格的な活動を開始しないようになっているのです。

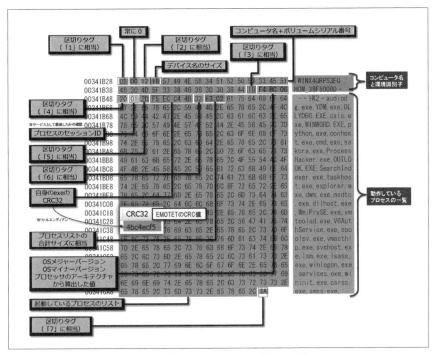

「Emotet」が C&C サーバーに送信するデータ
（※三井物産セキュアディレクションより）
<< ※※元画像 https://www.mbsd.jp/blog/20181225_2.html>>

*

　ちなみに、「仮想 PC 環境」や「セキュリティ・ソフト」の存在を検出すると動作を停止するマルウェアは珍しくありませんが、C&C サーバ側でこの種の制御を行うマルウェアは稀です。

　加えて、「Emotet」の検出・解析妨害機能は更新速度とその精度が尋常ではなく、セキュリティ専門家の間では、「Emotet」は検出・解析妨害機能に「機械学習エンジン」を悪用しているのではないか、と言われています。

■ サイバー犯罪者の "郵便屋さん"

　感染した「Emotet」が動作している端末の環境が、「C&C サーバ」によって「解析用環境では無い」と判定されると、ようやく「C&C サーバ」はまともなレスポンスを返します。

① まず最初に行なわれるのは**「Emotet のバージョンのチェック」**です。

先に、「Emotet」は「Cookie ヘッダ」や「HTTP リクエストのメッセージボディ」を悪用して感染端末内のプロセス一覧を「C&C サーバ」に送信すると述べましたが、このときに送信されるデータには、「Emotet」自身の「CRC-32」が含まれています。

「C&C サーバ」はこれを元に、感染した「Emotet」のバージョンを判定し、バージョンが古い場合は最新のバージョンを送り込むことで「Emotet」をアップデートします。

② そして、「Emotet」が最新バージョンにアップデートされると、ようやく「Emotet」は本格的に活動を開始します。

まず最初に、「Emotet」は「レジストリ・キー」を「HKCU¥Software¥Microsoft¥Windows¥CurrentVersion¥Run」に追加することで、**端末の起動時に自動実行されるようシステムを改変**します。

③ 次に、「Emotet」は感染した端末内で、「Microsoft Outlook」などのメールソフトから、**メール・アドレスを根こそぎ収集**します。

言うまでもなく、収集されたメール・アドレスは「C&C サーバ」に送信され、「Emotet」のさらなる感染拡大に悪用される事になります。

ちなみに、「Emotet」のメール・アドレスの収集には、多くの場合「NirSoft」などの著名な正規ツールが悪用されます。

また、「プロセス・ハロウイング」(Process Hollowing) と呼ばれる、正規プロセスの中身を不正コードとすり替えてしまう隠蔽手法が随所で用いられるため、やはり不正な動作として検出するのが難しくなっています。

④ そして最後に、「Emotet」は**「C&C サーバ」から"お客さん"をダウンロード**します。

ここで言う"お客さん"とは、「Emotet」が「MaaS」として請け負った他のサイバー犯罪者たちの「マルウェア」や「ハッキング・ツール」な

どで、その結果、「Emotet」に感染した端末はほぼ自動的に、他の多種多様なマルウェアの侵入をも許してしまうことになります。

＊

…「Emotet」は本体に不正な機能をほとんどもたない、「ダウンローダー」に近いマルウェア。

ですが、感染端末の"安全"を確認した上で、邪悪な"荷物"をしっかり目的地に届ける「Emotet」は、まるでサイバー犯罪者のための"郵便屋さん"だと言えます。

強力な感染力と高い秘匿性を備え、日々アップデートされ続ける「Emotet」は、まさに悪夢のような「MaaS」です。

2019年7月1日、大々的なキャンペーンとともに登場したセブン‐イレブンのスマホ決済サービス「7pay」ですが、多くの不正利用が報告され、開始からわずか4日で、事実上のサービス停止に追い込まれてしまうという事件がありました。

"当たり前"の存在となりつつあるキャッシュレス決済

　世界的にも「キャッシュレス決済」は大きなブームとなっている、というより、もはや当たり前の存在となりつつあります。

　2018年2月に経済産業省が公開したデータによると、2016年時点のキャッシュレス決済の比率は、最も高い韓国ではすでに96%、次点の英国も69%と、全決済の2/3を越えています。

　中国も、国内全域では普及率6割程度ですが、都市部に限れば9割を越え、その他の主要先進諸国も軒並み40〜60%と、先進国ではもはや決済の主流はキャッシュレスとなりつつあります。

＊

　その一方で、キャッシュレス決済が遅々として進まないのが、日本とドイツです。

　元々、現金志向が強く、クレジットカード普及率も低かった日独は、キャッシュレス決済比率もなかなか高まらず、2016年時点で日本は20%弱、ドイツに至っては15%強と、他の先進諸国から10年以上も遅れているのが実情です。

	キャッシュレス比率（※）			同期間におけるキャッシュレス化進展の施策例
	2007	2016	07年→16年	
韓国	61.8%	96.4%	+34.6%	✓ 非現金決済利用時の消費者向け税還付制度の拡充（還付率や対象の拡大） ✓ 小規模加盟店向け加盟店手数料の規制
イギリス	37.9%	68.7%	+30.8%	✓ ロンドン五輪（2012年）を契機とした政府主導の非接触決済（デビットカード）普及促進、決済インフラを担う専門組織による決済の高度化
オーストラリア	49.2%	59.1%	+9.9%	✓ 国産決済サービス（デビットカード）EFTPOSの非接触決済対応 ✓ インターチェンジフィー等の手数料規制
シンガポール	43.5%	58.8%	+15.3%	✓ 国家の電子化に早くから取り組んだほか、近年政府による「スマートネーション構想」のもと、キャッシュレス社会実現にかかる施策を推進中
カナダ	49.0%	56.4%	+7.4%	✓ 政府によるペニー硬貨の廃止や小切手の廃止 ✓ 低廉なインターチェンジフィー水準に関する当局と国際ブランドとの合意
スウェーデン	41.9%	51.5%	+9.6%	✓ 政府による脱現金社会に向けた法的な手当て（ex.店頭での現金決済お断り等）
アメリカ	33.7%	46.0%	+12.3%	✓ VISA・MasterCardが中心となりカード決済普及を促進、近年は非金融事業者による決済サービスが普及
フランス	29.1%	40.0%	+10.9%	✓ 現金支払い上限（1,000ユーロ）の設定 ✓ インターチェンジフィー規制の導入
インド	18.3%	35.1%	+16.8%	✓ 国産のデビットカードシステムRupay開発・普及促進のほか、加盟店手数料の上限設定 ✓ 政府主導で「デジタルインド計画」を推進中
日本	13.6%	19.8%	+6.2%	✓ 電子マネーの利用が拡大しているものの、引き続き現金志向が強く、キャッシュレス化進展せず
ドイツ	10.4%	15.6%	+5.2%	✓ 現金志向が強く、キャッシュレス化進展せず
中国（※※）	（参考）約40%（2010年）→約60%（2015年）			✓ 北京五輪（2008年）を契機とした政府主導の銀聯カードの普及促進 ✓ インターチェンジフィー・加盟店手数料等規制によるアクセプタンス促進

（※）キャッシュレス比率は、（カード決済（電子マネー除く）＋E-money決済）/家計最終消費支出により算出（ともにUS$ベースで算出）
（※※）中国については、Better Than Cash Allianceのレポートより参考値として記載

NRI Copyright(C) Nomura Research Institute, Ltd. All rights reserved.

出所）BIS「Statistics on payment, clearing and settlement systems in the CPMI countries」WorldBank「World Development Indicators」よりNRI作成

諸外国におけるキャッシュレス比率の変化とキャッシュレス化進展の施策例
（野村総合研究所「キャッシュレス化推進に向けた国内外の現状認識」より）

　そのため、日本政府は2017年6月、「未来投資戦略2017」において、10年後の2027年までにキャッシュレス決済比率を40%まで向上させるという指針を打ち出し、2018年4月には「2025年の大阪万博まで」と目標を2年、前倒ししました。

　また、2019年10月の消費税10%導入の際には、キャッシュレス決済限定でポイント還元を行なうという"強攻策"をも打ち出しており、キャッシュレス決済普及を強力に推し進めています。

＊

　そして、それに応える形で、2018年10月には「ソフトバンク」と「Yahoo!」が「PayPay」を、ファミリーマートが「FamiPay」、セブン・イレブンが「7pay」をと、大手事業者が次々とキャッシュレス決済事業に参入。

　既存の事業者も大型キャンペーンを次々に打ち出すなど、特にスマートフォンを利用したいわゆる「スマホ決済」を中心に、日本のキャッシュレス決済は"ブーム"と呼べる状況を呈しています。

　しかし、ブームに沸き立つ業界を凍り付かせる事件が起こりました。

国内シェア No.1 のコンビニ、セブン・イレブンのスマホ決済「7pay」で、大規模な不正利用被害が確認され、「7pay」はサービス開始からわずか数日で新規登録やチャージが不可能になり、事実上サービス停止に追い込まれてしまったのです。

不正利用の標的となった「7pay」

まずは、事件の流れを説明します。

「7pay」のサービス開始は、2019 年 7 月 1 日です。

QR コードを利用したスマホ決済サービスとしては後発ですが、サービス開始と同時に、「nanaco ポイント 2 倍」、「おにぎり 1 個プレゼント」（1,000円以上のチャージでさらに 1 個）、「ペットボトルコーヒーや栄養ドリンクを 5 つ買うと 1 つ無料プレゼント」など、さまざまな販促キャンペーンを実施。

そのお陰もあってか、サービス開始当日はアクセス集中により使いづらい状況になるなど活況を呈し、スタートダッシュには成功したようです。

しかし翌 2 日、「7pay」には早くも不穏な気配が漂い始めます。「7pay」のサーバに海外の IP アドレスからの不審なアクセスが多数行なわれ、また Twitter 等の SNS を中心に、「身に覚えの無い取引があった」との被害報告が相次いだからです。

そして 3 日朝、運営元のセブン＆アイ HD は、「7pay」で不正利用があったことを実際に確認し、同日午前 10 時過ぎに海外からのアクセスを遮断。そして、午後にはサポートセンターを設置して不正利用があったことを公表し、ユーザーに対して ID とパスワードを厳重管理するよう注意喚起を行いました。

しかし、その後も「7pay」の不正利用報告が相次いだため、3 日 16 時頃にはクレジットカードやデビットカードからのチャージ（入金）を停止。

さらに翌 4 日には、現金を使ったチャージも含むすべてのチャージ機能、および新規登録も停止し、国内 No.1 コンビニの威信をかけたキャッシュレス決済サービス「7pay」は、サービス開始からわずか 4 日間で、事実上

停止に追い込まれてしまいました。

「7pay」のセキュリティ

サービス開始の翌日から不正利用被害が相次いだ「7pay」ですが、では「7pay」はどういった仕組みのサービスだったのでしょうか。

■ 既存アプリに"追加"された「新機能」

「セブン・イレブンアプリ」は、以前から存在するセブン・イレブンの公式アプリです。

「7pay」はそこに「追加された新機能」、というわけです。

「セブン・イレブンアプリ」の追加機能
として実現された「7pay」

■ セブン&アイHDの「7iD」でログインする

「セブン・イレブンアプリ」の利用（アプリへのログイン）には、基本的には「7iD」と呼ばれるアカウントを利用します。

「7iD」は、かつては「オムニ7会員ID」と呼ばれていた、セブン&アイHDが提供する複数のサービスの共通アカウントです。

「7iD」は「セブン・イレブンアプリ」以外にも、セブン&アイHDが運営する「omni7」（オムニ7）や「セブンネットショッピング」「西武・そごうのe.デパート」
「Loftネット通販」といったネットショッピングサイトなど、多くのサービスでログイン用アカウントとして利用されています。

また、「セブン・イレブンアプリ」や「omni7」その他のセブン&アイHDのサービスは、「ソーシャルログイン」に対応しており、「Facebook」や「Twitter」「Google」「Yahoo! JAPAN」「LINE」のアカウントでもログ

イン可能です。

＊

ちなみに「7iD」の新規登録は、「omni7」などから行なう場合は、「メール・アドレス」に加えて「パスワード」「名前」「性別」「生年月日」「郵便番号」「住所」「電話番号」などの入力が要求されます。

ですが、「セブン-イレブンアプリ」上から登録する場合は、「メール・アドレス」に加えて「パスワード」「都道府県」「生年月日」「性別」だけでOKとなっており、「iOS版」の場合は「都道府県」「生年月日」「性別」の入力を省略することが可能です。

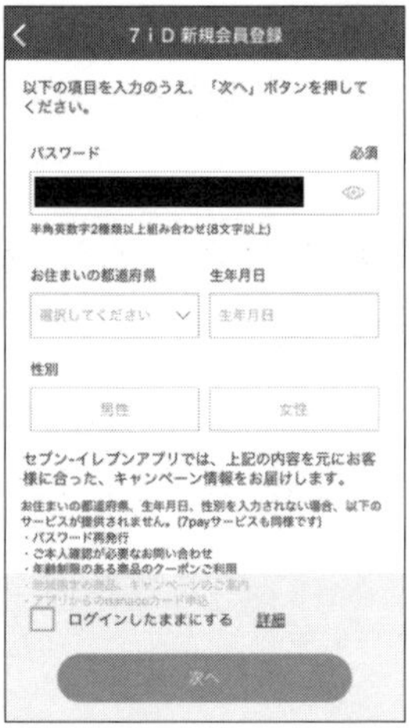

iOS版の「セブン-イレブンアプリ」上からは、事実上「メール・アドレス」と「パスワード」のみで「7iD」を新規登録できる。

■「チャージ用認証パスワード」が必要

「7pay」は、既存の「セブン-イレブンアプリ」上に追加された新機能として実現されていますが、１つだけ、「7pay」だけのためのセキュリティがあります。

それは**「チャージ用認証パスワード」**です。

＊

「7pay」にクレジットカードやデビットカードの情報を登録する際には、「認証パスワード」の設定を要求されます。

この「認証パスワード」は、クレジットカードやデビットカードから「7pay」へのチャージを可能にするためのパスワードで、「7pay」にチャージする際には毎回必ず入力を要求されます。

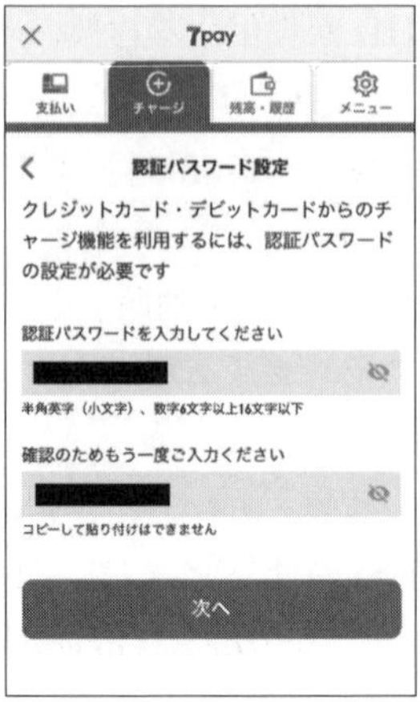

クレジットカードなどからチャージするには「認証パスワード」が必要。

明るみに出た「7pay」の脆弱なセキュリティ

以上をまとめると、「7pay」のセキュリティは、①アプリにログインするための「7iD」と、②クレジットカードやデビットカードからのチャージに必要な「チャージ用認証パスワード」——の2つで守られていることになります。

*

そして、「7iD」は、従来からセブン＆アイ HD が提供する各種サービスで利用されていたアカウント情報であり、「チャージ用認証パスワード」は、「7pay」のサービス開始に伴って新たに追加されたパスワードです。

では、この2つで「7pay」のセキュリティは万全でしょうか？

*

セブン＆アイ HD は事件を受けて7月4日、記者会見を開き、その場で「サービスやアプリには充分なセキュリティ診断を行ない、問題はなかった」と主張しています。

ですが、「7pay」のセキュリティには、実は多くの問題がありました。

■「他人のメール・アドレス」でも登録できてしまう

「セブン・イレブンアプリ」上からは新規に「7iD」が登録可能で、新規アカウント作成時には、「7iD」の「ID」となる「メール・アドレス」の入力が必要です。

ですが、実は「セブン・イレブンアプリ」上では、「他人のメール・アドレス」でも「7iD」が新規作成可能な仕組みになっていました。

*

多くのサービスは、

① アカウント登録の"完了前"に、入力された「メール・アドレス」宛にメールを送信し、送信メール内の URL リンクをクリックする。

② メール本文に記載された「承認コード」をアプリや Web サイトに入力する。

などしてはじめて、アカウント登録作業が完了する仕組みになっています。

＊

　ところが、「セブン・イレブンアプリ」上から「7iD」を新規作成する場合には、メールが送信されるのは「アカウント登録作業」の"完了後"でした。

　加えて、送信されるメールには、「メール・アドレス」の正誤チェックに関する仕組みが一切なく、単に「7iD」が作られたことを"通知するだけ"のものにすぎませんでした。

＊

　つまり、「7iD」は「間違ったメール・アドレス」や「他人のメール・アドレス」、さらには「架空のメール・アドレス」でも作成可能だったわけです。

＊

　たしかに、「7iD」を"勝手に作れる"だけでは、クレジットカードなどからのチャージはできませんから、この仕様は「7pay」不正利用の直接の原因ではありません。

　ですが、この程度の当たり前の仕組みすら存在しない決済サービスが信頼できるかと言えば、残念ながら「No」でしょう。

■「本人確認」が「パスワード」だけ

　次に、より深刻な問題として、「セブン・イレブンアプリ」には、サービス利用開始時の「本人確認」の方法が、「7iD」のパスワード以外ありませんでした。

＊

　無数のネットサービスが乱立し、不正アクセスなどによる情報漏洩事件が相次ぐ現在では、パスワード"だけ"の「本人確認」は時代遅れだと言わざるを得ません。

　特に金銭が絡むサービスでは、現在では信頼性の高い「本人確認」を行なうため、複数の要素を利用する「多要素認証」があって当たり前の存在になっています。

＊

　「多要素認証」とは、「知識認証」「生体認証」「所有物認証」という３つの認証要素の内、２つ以上を併用して認証を行なう仕組みです。

具体的には、「知識認証」であるパスワードに加えて、「指紋認証」に代表される「生体認証」や、「所有物認証」である「SMS認証」（電話番号＝SIMカードを所有）や「ワンタイム・パスワード生成器」（ハードウェア・トークンの場合はそれ自体を、ソフトウェア・トークンの場合は紐付けられたデバイスを所有）による認証を併用して「本人確認」を行なうする仕組みで、メールやSNSなどでも当たり前のように利用されています。

しかし、「セブン・イレブンアプリ」や、その追加新機能である「7pay」には、「パスワード」以外の「本人確認」の仕組みが備わっていませんでした。
これは、金銭が絡むサービスとしてはちょっとあり得ない、レベルの低いセキュリティだったと言わざるを得ません。

■ 危険なパスワード・リセットの仕組み

無数のネットサービスが存在する現在、ユーザーがパスワードを適切に管理するのはかなり困難です。
そのため、ユーザーがパスワードを紛失した際に備えて、認証システムには「パスワード・リセット」の仕組みが必要で、「7iD」にも「パスワード・リセット」の機能が備わっています。

ですが、「7iD」の「パスワード・リセット」の仕組みは、非常に問題がある仕様になっていました。

＊

「7iD」の「パスワード・リセット」手続きは、「セブン・イレブンアプリ」上から新規登録した「7iD」の場合、「生年月日」と「会員ID」（＝メール・アドレス）の2つだけでできるようになっています。
そして、「パスワード・リセット」手続きには「SMS認証」などの必要もないため、世界のどこからでも、どんな端末からでもできます。

なお、前述のようにiOS版の「セブン・イレブンアプリ」では、「7iD」新規登録時に「生年月日」の入力を省略可能です※。

> ※「7iD」新規登録時に「生年月日」の入力を省略した場合、生年月日は自動的に「2019/01/01」に設定される。

　つまり「7iD」は、「メール・アドレス」さえ分かれば誰でも「パスワード・リセット」の申請が可能という、恐ろしい仕様になっていたのです。

＊

　加えて、「7iD」の「パスワード・リセット」手続きにはもう一つ、大きな問題があります。

　それは、「パスワード・リセット」申請サイトに「送付先メール・アドレス」という項目が存在することです。

　「パスワード・リセット」申請サイトの「送付先メール・アドレス」欄は、パスワード・リセットに必要な認証コードを、アカウント作成時に入力したメール・アドレス"以外"に送信するための項目です。

　つまり、この項目を利用すれば、「他人の『7iD』のパスワード・リセット用認証コード」を自分のメール・アドレスで受信するようなことが、簡単にできてしまうわけです※。

> ※「7iD に登録されているメール・アドレス」にもメールは送信されるため、「パスワードがリセットされたこと」自体は正規ユーザーも知ることができる。

　セブン＆アイ HD は当初は、こういった「パスワード・リセット」の仕様を、「スマートフォン利用者が（「7iD」に登録している）キャリアメールを使えなくなったときのため」のものと説明していました。ところが、危険だとの指摘を受けてすぐ、「送付先メール・アドレス」欄を削除しました。

　ただし、その方法が「CSS」で「送付先メール・アドレス」欄を非表示（display:none;）にしただけ、というお粗末なものだったため、ぜんぜん対策になっていない、との新たな非難の的になってしまいました。

メール・アドレス"だけ"でパスワードをリセットできてしまう上、
リセット用認証コードも任意のメール・アドレスで受信できた。

■「ソーシャル・ログイン」ならパスワード不要 !?

セブン＆アイHDは、「7pay」の不正利用対策の一環として、7月11日、「ソーシャル・ログイン」機能を無効化しました。

＊

「ソーシャル・ログイン」機能は、簡単に言うと、「ID」や「パスワード」の代わりに、ログインに成功して連携を許可した他サービス（「Facebook」や「Twitter」など）が発行する「トークン」と呼ばれる鍵情報を使ってログイン管理を行なう機能です。

「トークン」は、いわば「ID」や「パスワード」、さらには「SMS認証」や「指紋認証」といったさまざまな認証用情報を全部ひとまとめにしたような鍵情報です。

しかし、「セブン・イレブンアプリ」の「トークン」の扱いは、非常にずさんなものでした。

「セブン・イレブンアプリ」上で「トークン」のリクエストに必要なのは、「ユーザー識別子」と「連携サービス識別子」だけ。

「パスワード」すら不要で、もちろんリクエスト送信元のチェックなども
一切、行なわれていなかったのです。

＊

セブン＆アイHDの認証用APIはリクエスト送信元のチェックを行なわ
ないため、「ユーザー識別子」と、5社しかない「連携サービス識別子」を
元に総当たり攻撃を行なえば、「ソーシャル・ログイン」機能を使っている
ユーザーにヒットし次第、サービスへのログインに成功してしまうことにな
ります。

＊

加えて、6月16日にこの脆弱性についての詳しいレポートを公表した
「BUSINESS INSIDER JAPAN」によると、「トークン」のリクエストに使
われる「ユーザー識別子」には、一部サービスでは公開情報として扱われて
いる「ユーザーID」をほぼそのまま使っている例もあったようです。

つまり、「Facebook」や「Twitter」などから公開情報である「ユーザー
ID」を収集することで、極めて効率の良い「トークンなりすまし」攻撃が
可能だったことになります。

過去に15万件の顧客情報が流出した「7iD」

最後に、「セブン・イレブンアプリ」のログイン用アカウントである「7iD」
ですが、「7iD」自体にも実は、深刻な問題があります。

＊

「7iD」は、かつて「オムニ7会員ID」と呼ばれていたセブン＆アイHD
が提供するサービスの共通アカウントですが、今では「omni7」の一部となっ
ている「セブンネットショッピング」は、実は2013年に重大な個人情報漏
洩事件を起こしています。

この事件では、おそらく他社サービスから流出したと思われるパスワード
リストを利用した大規模な不正アクセスにより、最大15万件もの顧客情報
が流出。その被害内容は、「氏名」「住所」「電話番号」に加えて、「クレジッ
トカード番号」や「カード有効期限」までをも含む、極めて深刻なものでした。

＊

　ちなみに、「セブンネットショッピング」で利用されていたアカウントは、「セブンネットショッピング」が「omni7」の一部となった時点でアカウント移行手続きが必要となったため、厳密には「セブンネットショッピングのアカウント」＝「7iD」というわけではありません。

　しかし、「セブンネットショッピング」から「omni7」への移行手続きは、会員情報や利用規約の再確認が主目的だったため、同一のメールアドレスとパスワードを使い回したユーザーは少なくないはずで、この時に流出したアカウント情報が今回の「7pay」不正利用で悪用された可能性は、十分あり得ます。

　また、この事件で流出したカード情報が現在も"生きている"可能性も、ないとは言えません。

　2013年の情報流出は今から6年以上も前の事件ですから、情報を盗まれたクレジットカードは少なくても1～2回、更新期限を迎えているはずです。ですが、クレジットカードの「カード番号」は更新されても基本的に変わらず、「有効期限」の延長期間はカード会社ごとに決まっているため、容易に推測できます。唯一、3桁の「セキュリティコード」（CVV2/CVC2）だけは更新時に変更される例が多いはずですが、これもカード会社によっては変更しない例があるからです。

Case 3 実は甘い？ ネットサービスの「認証」

開始からわずか1ヶ月で「サービス終了」の憂き目に遭った「7pay」事件は、改めて「認証」の重要さについての教訓を残しました。

「ネットサービス」の「認証」セキュリティは、全体的に見てもまだまだ不充分なのが実情です。

本稿では「多要素認証」を中心に、「安全な認証」について考えてみます。

「セキュリティ」のためには「多要素認証」が重要

「フィッシング対策協議会」（https://www.antiphishing.jp/）が「インターネットサービス提供事業者に対する『認証方法』に関するアンケート調査結果報告書」と題した調査報告書を公開しました。

これによると、現在でも実に77%ものネット事業者が、「認証」を「IDとパスワードのみ」で行っていると回答。さらに、13.6%の事業者は、「パスワード」を平文で保存していると見られるという結果が報告されています[※]。

本稿では以上を踏まえて、「認証」の基本と、「安全な認証」について考えてみます。

> [※]「フィッシング対策協議会」調査報告書内でも述べられているように、ログインが「ID＋パスワードだけ」であっても、出金や振込、買付、顧客情報変更といった重要操作には多要素認証を必須としている、比較的しっかりとしているサービスも少なくない。

*

「本人確認」の「セキュリティ」を高めるには、どういった手段が有効でしょうか。

たとえば「家の鍵」の例を考えてみましょう。

　この場合、まず考えられるのは扉に「複数の鍵」を設置することでしょう。つまり、扉を開けるために必要な鍵を増やすのです。

　ただし、増やした鍵をすべて同じキーホルダーにつけて持ち歩いたり、バッグにまとめて入れておくようでは、セキュリティはあまり向上しません。キーホルダーごと、あるいはバッグごと、すべての鍵が一度に盗まれてしまっては意味がないからです。

　一方、同じく鍵を増やす方法であっても、通常の金属製の鍵に加えて、「暗証番号入力式」、あるいは「指紋認証式」の玄関錠を導入するような方法は、セキュリティ向上に有効です。

　この方法であれば、仮にキーホルダーやバッグを盗まれたとしても、それだけでは家に侵入できないからです。

＊

　次に、窓口などでの「本人確認」の例も考えてみましょう。

　一般店舗でポイントカードを作る程度の用途であれば、今でも「健康保険証」や「国民年金手帳」を本人確認用書類として利用できる場合があります。

　ですが、銀行や役所の窓口など、重要度の高い場所での「本人確認」は、現在では必ず「免許証」や「パスポート」「マイナンバーカード」などが要求されるようになっています。

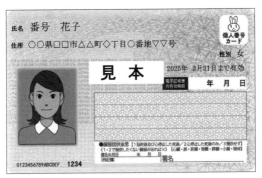

重要な本人確認には「顔写真付き」が必須
(https://www.city.aioi.lg.jp/soshiki/shimin/konbini-shoumei.html より)

　これはなぜかというと、「免許証」や「パスポート」「マイナンバーカード」には、「本人の顔写真」が付属しているからです。

　言い換えれば、「健康保険証」や「国民年金手帳」の提示が「本人確認書類をもっていること」だけしか証明できないのに対して、「免許証」や「パスポート」「マイナンバーカード」の提示は、「本人確認書類をもっていること」に加えて、「本人確認書類をもっているのが『本当に本人であること』」をも証明できるわけで、それ故に重要な「本人確認」には、「顔写真付き本人確認書類」が必須とされているのです。

＊

　以上のように、「本人確認」のセキュリティを高めるには、「鍵の数」よりむしろ「鍵の種類の数」が重要であることが分かります。

　これらはいずれも実社会での例ですが、この基本はネットサービスでも同じで、「認証」の「セキュリティ」を高めるには、複数の"要素"を使った「多要素認証」（Multi-Factor Authentication：MFA）の導入が、もっとも効果的です。

　では、「認証」に利用される"要素"には、どのようなものがあるでしょうか。

　代表的なものは、「知識要素」「所有物要素」「生体要素」の３つです。

■ 知識要素 (Something You Know：SYK)

　「知識要素」とは「その人だけが知っている情報」のことで、「知識要素」を使った認証を「知識認証」と呼びます。

　「知識要素」の代表例は、言うまでもなく「パスワード」です。

　また、「銀行 ATM」その他の「暗証番号」や、「パスワード・リセット」などで使われる「合い言葉」なども、広く利用されている「知識要素」です。

＊

　「知識認証」は「文字化」できる情報を使った認証ゆえに、正誤判定における誤認識がなく、また通信などでの伝達も容易です。

　加えて、「人間の頭の中」に保存される情報なので、"原則として"は「盗難耐性」も高く、古くからもっとも基本的な認証方法であり続けており、現在の「多要素認証」も、ほとんどの場合、「知識認証」に他の認証を追加す

る形で実現されています。

　ただし、「知識要素」は、いったん外部に漏洩してしまうと、誰でも簡単に流用可能で、複製耐性はほとんどありません。

　また、「盗難耐性」に関しても、認証時に認証情報を盗聴、あるいは盗み見られることで盗まれる可能性があります。そのため、「スパイウェア」や「フィッシング詐欺」が横行している現在では、特に「ネット・サービス」に関しては「盗難耐性」が高いとは言えません。

＊

　加えて、「ハッキング」などによる個人情報漏洩事件が相次ぐ昨今では、ユーザーが厳正に管理していたとしても、サーバ側から漏れる可能性があり、「知識要素」だけに頼った認証は、残念ながら、充分とは言えません。

■ 所有物要素 (Something You Have：SYH)

　「所有物要素」とは「その人だけがもっている所有物」のことで、「所有物要素」を使った認証を「所有物認証」と呼びます。

　「所有物認証」は、現実世界ではもっとも多く利用されている認証方法かもしれません。

　たとえば、家や自動車の「鍵」がそうですし、窓口での本人確認に使われる「免許証」や「保険証」、店舗や ATM などで利用する「キャッシュカード」や「クレジットカード」などのカード類も「所有物要素」の典型例です。

＊

　一方、ネットサービスでは、「所有物認証」は多くの場合、「ワンタイム・パスワード生成器」として実装されています。

　もっとも広く使われているのは、「ワンタイム・パスワード」を「SMS」経由で発行する「SMS 認証」で、「SMS 認証」は「SMS」＝「電話番号」＝「SIM カード」を「所有物要素」として使う「所有物認証」です[※]。

> ※「SMS 認証」と似た方式に「電子メール」を利用した「ワンタイム・パスワード発行方式」がある。

　「ID とパスワードでログイン可能な電子メール」経由で「ワンタイム・パスワード」が発行される場合、認証の鍵となるのは「電子メールのログイン用パスワード」（＝知識要素）である。
　そのため、「所有物認証」ではなく、「知識認証」のカテゴリーとなる。

　それ以外にも、「ワンタイム・パスワード」を発行できる「セキュリティ・トークン」※や、カードなどで提供される「乱数表」などが、「ネットワーク・サービス」の「所有物認証」によく使われています。

　※「ハードウェア・トークン」の場合は、それ自体が。
　スマートフォンなどのアプリとして提供される「ソフトウェア・トークン」の場合は、アプリと紐付けられたスマートフォンなどが「所有物要素」となる。

「SMS 認証」は実は「SIM カード」を要素として利用する「所有物認証」

　「所有物認証」は "モノ" を使った認証なので誤認識はなく、ネットワーク経由での利用にも適しています。
　しかし、"モノ" であるため「盗難耐性」は低く、盗まれてしまうと他者に簡単に悪用されてしまいます。

＊

　さらに、「複製耐性」は対象によって千差万別です。
　「SIM カード」を含む「IC カード」や「ハードウェア・トークン」は一般には複製が困難と言われています。
　しかし、磁気カードは容易で、「乱数表」に至ってはカメラやコピー機で簡単に複製できてしまいます。

また「Google 認証システム」に代表される「ソフトウェア・トークン」もアプリの仕様次第で、中には利便性を重視し、アプリ自体に「エクスポート機能」や「複数端末同期機能」といった複製用機能が搭載されている例すらあります。

■ 生体要素 (Something You Are : SYA)

「生体要素」とは「その人自身が備える生物学的な特徴」のことで、「生体要素」を使った認証を「生体認証」と呼びます。

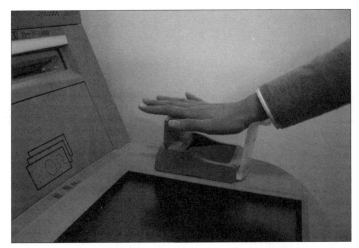

ATM などですっかりおなじみになった「静脈認証」

*

「生体認証」の長所は、対象となる要素にもよりますが、「盗難耐性」「複製耐性」ともに高いことです。

「生体要素」は身体の一部ですから、海外では指を切り取られるような残虐な犯罪事件が少数例あるものの、基本的に盗まれることはありません。

また「複製」に関しても、「音声」は録音で、「顔」は写真や録画で複製されてしまう可能性はないとは言えませんが、適切な「複製検知技術」を導入しているシステムであれば、「指紋」の複製は相当困難であり、また「虹彩認証」や「静脈認証」の複製は現実的にはほぼ不可能と言えます。

*

一方、「生体認証」の短所は「誤検出」です。

「知識要素」や「所有物要素」と違い、「生体要素」は時間経過や体調によってわずかながら変化します。

そのため、認証時にはある程度のマージンが不可欠で、精度を高めれば誤検出が増え、誤検出を減らそうとすれば精度が下がってしまいます。

また、「変更できない」ことも「生体認証」の弱点です。

「生体要素」は、「盗難耐性」「複製耐性」ともに高いですが、「パスワード」のように気軽に変更することができません。

そのため、万一複製されてしまうと、対処法が無く、以後はその要素を使った認証自体ができなくなってしまう可能性があります。

「2段階認証」との違いは？

「知識要素」「所有物要素」「生体要素」の3つは「認証の3要素」と呼ばれ、ほとんどの認証システムはこの3つのいずれかを利用して認証を行ないます。

そして、要素を2つ利用する認証が「2要素認証」（2-Factor Authentication）、3つ以上利用する認証が「多要素認証」（Multi-Factor Authentication）です。

*

では、「7pay」の事件でも話題（炎上？）になった「2段階認証」とは何でしょうか。

「2要素認証」とは何が違うのでしょうか。

■「2段階認証」＝2回に分けて行なう認証

「2段階認証」（2-Step Authentication）とは、厳密には「認証」を「2つの段階」（2-Step）、簡単に言えば「2回に分けて」行なう認証方法を指します。

*

たとえば、一般的な「SMS認証」は、

① 「ID」と「パスワード」を入力する。

② 送られてきた「SMS」に記載されている「ワンタイム・パスワード」を入力する。

といった具合に、2回に分けて認証作業を行なうので、**「2段階認証」**です。

2つの要素を使って認証を行なう**「2要素認証」**は、多くの場合、

「IDとパスワードの入力」（知識認証）→「ワンタイム・パスワードの入力」（所有物認証）

「キャッシュカードの挿入」（所有物認証）→「暗証番号の入力」（知識認証）

といった具合に、2ステップで認証作業を行なうので、「2要素認証」の多くは「2段階認証」だと言えます。

■ 混乱の火元は Google

しかしながら、現実には、「2段階認証」は「2要素認証」とほぼ同義で用いられています。

この"混乱"の火元は、実は Google 社です。

＊

Google 社は、「Google認証システム」を利用した Google アカウントの「2要素認証」を、「2-Step Verification」（日本語ページでは「二段階認証」）と名付けました。

つまり、Google が「2段階認証」＝「2要素認証」という、厳密には正しいとは言い難い図式を作り出してしまったわけですが、ことは天下の Google です。

SONY の PLAYSATION サイトなど、Google 社に追随して「2要素認証」を「2-Step Verification」と称するサイトが次々と登場し、すぐに「2段階認証」は「2要素認証」とほぼ同義で用いられるようになってしまいました。

自社の「2要素認証」を「2-Step Verification」と名付けた Google

なおこれは余談ですが、Google の「2段階認証」は「Authentication」ではなく「Verification」という単語を使っており、「Authentication」が「認証」の意であるのに対して、「Verification」は「正確であることの確認・検証」といったニュアンスの単語です。

動詞「verify」の名詞形と考えればそのニュアンスがイメージしやすいかも知れません。

安全な認証とは？

では、安全な認証の例としては、どういったものがあるでしょうか。

＊

現時点で安全性が高いのは、おそらく専用の「ワンタイム・パスワード生成器」、つまり「ハードウェア・トークン」を併用する「多要素認証」です。

この種のハードウェアは申し込みや再発行にお金が必要な場合も多いですが、「ハードウェア・トークン」を利用した「二要素認証」は、盗難にさえ気をつければ、現時点でかなり安全性の高い認証システムと言えます。

＊

次に、「SMS認証」であれば、通話とSMS専用端末で利用するのが安全性の高い方法です。

通話とSMS専用の「SIMカード」であれば、インターネットに接続できないため、マルウェアや不正アクセスの脅威とは無縁だからです。

そして、「Google 認証システム」などの「ソフトウェア・トークン」を利用したい場合は、余っている古い端末を「ハードウェア・トークン」として流用するのもいいでしょう。

端末を初期化後、「ソフトウェア・トークン」だけをインストールし、「SIMカード」を抜き、Wi-Fi 接続設定もすべて削除してしまえば、インターネットに一切接続できないため、「ソフトウェア・トークン」であっても安全に利用できます。

安全性が高い「ハードウェア・トークン」
(https://www.smbc.co.jp/kojin/direct/securi/passca/otoriatsukai.html より)

■ 端末自体のセキュリティも要確認

さらに大前提として、認証作業を行なう端末のセキュリティ、たとえば「パソコンのログイン用パスワード」や「スマートフォンのロック」「メインで利用しているメール・アドレスのパスワード」などは、必ず強固なものを設定しておくべきです。

現行の認証システムの多くは、セキュリティと利便性を両立させるため、ユーザーが手動で「多要素認証」を行なうのは初回利用時のみで、その後はCookie や端末 ID などとの"紐付け"を利用して、一連の認証を自動処理する手法が一般的です。

　ですから、「パソコン」や「スマートフォン」「メール」に誰でもログイン
できるようでは、まったく意味がありません。

＊

　さらに、安全性が高いと言われている「多要素認証」であっても、マル
ウェアなどの侵入を許せば破られてしまう可能性があります。

　たとえば、「ユーザー」と「サービス」間の通信に割り込み通信の盗聴や
改ざんを行なう「中間者攻撃」（Man-in-the-Middle：MITM）や、Web ブラ
ウザを監視し乗っ取ってしまう「Man-in-the-Browser」（MITB）と呼ばれ
る攻撃手口は「ワンタイム・パスワード」をも無力化してしまう、恐るべき
ものです。

　この種の攻撃を防ぐには、OS その他を常に最新の状態に保つのが非常に
重要です。

Case 4 多要素認証をも脅かす「SIM スワップ」

2019 年 8 月末、Twitter の CEO の公式アカウントがハッキングされ、人種差別的なツイートやリツイートが乱発される事件がありました。
この事件は、Twitter の CEO が標的となったことで話題になりましたが、事件の背後には「SIM スワップ」と呼ばれる、「多要素認証」をも脅かす恐るべきハッキングの手口がありました。

Twitter CEO が人種差別ツイート!?

2019 年 8 月末、Twitter ユーザーを驚かせたニュースがありました。

米 Twitter 社の CEO の、Jack Dorsey 氏が、自身の公式 Twitter アカウントで、「ヒトラーは無実」「ナチスは悪くない」「Intel が Twitter に爆弾を仕掛けた」といった問題発言やフェイクニュース、さらにはさまざまな人種差別的な内容を含むツイートやリツイートを、立て続けに発信したのです。

Twitter 社の CEO、Jack Dorsey 氏の公式アカウントが、
問題発言を立て続けに発信した

　これらの発言はアカウントがハッキングされたことによるもので、表示されていた時間はわずか 20 分程度。

　1 時間半後には「問題は解決した」とのツイートが発信され、幸い事態はごく短期間で終結しましたが、全世界で 3 億人以上が利用する SNS を統括する CEO の公式アカウントが「ハッキングされた」ということで、一部で大きな話題となりました。

　しかし、この事件の裏には、実は深刻な脅威が潜んでいました。

　この事件に使われた「SIM スワップ」と呼ばれるハッキングの手口と、その影響について説明します。

数億～数十億円の被害を出すこともある「SIM スワップ」

　Twitter 社の CEO、Jack Dorsey 氏のアカウントがハッキングされた事件は、被害者の立場ゆえに大きなニュースとなりましたが、実は単発の事件ではありません。

　SNS や YouTube などの著名アカウントを標的とした同種のアカウントハッキング事件は多発しており、Jack Dorsey 氏の事件はその 1 つにすぎません。

　そして、これらの事件に共通して利用されているのが、「SIM スワップ」と呼ばれるハッキング手口です。

＊

　「SIM スワップ」は、「SIM スワッピング」「ポートアウト」「SIM ハイジャック」などの名で呼ばれることもあります。

　一言で言えば「SIM カード」、つまり「電話番号」を乗っ取ってしまうハッキングの手口です。

＊

　「SIM スワップ」は、手口自体は新しいものではありませんが、2018 年から急激に被害が増加。

　2018 年 7 月には、起業家から 150 万ドル（日本円で約 1 億 6 千万円）相当の暗号通貨を盗んだ 20 歳の学生が逮捕されています。

さらに 8 月には、わずか 2 回のハッキングで、計 2,400 万ドル（日本円で約 26 億円）相当の暗号通貨を盗まれた投資家が、米 AT&T を相手に損害賠償訴訟を起こしています。

Dorsey 氏の事件は、厳密には Twitter アカウントが乗っ取られたわけではなく、Twitter の正規機能である「ショートメール経由の投稿機能」を悪用され、不正なツイート／リツイートが行なわれた事件です。

一方、暗号通貨が盗まれた事件は、「SMS スワップ」で「電話番号」＝「SIM カード」が盗まれた結果、暗号通貨アカウントが乗っ取られてしまった事件で、両者は共に「SIM スワップ」の手口を使ったサイバー犯罪ではあるものの、その性質には大きな違いがあります。

「SIM カード」を乗っ取る「SIM スワップ」

では、「SIM カード」（電話番号）の乗っ取りとは、どのような方法でしょうか。

多くのケースでは、以下のいずれかの方法が使われています。

■ 通信事業者の正規システムを悪用する

もっともシンプルな方法は、通信事業者の正規手続きを悪用する方法です。

*

携帯電話は持ち歩くデバイスですから、常に紛失や盗難の危険があります。

そのため、通信事業者には必ず「SIM カード」の移行手続きが用意されており、たとえばキャリアショップに契約者本人が赴き、本人確認書類を提示し、若干の SIM カード再発行料を支払うなどすれば、簡単に既存の電話番号を新しい「SIM カード」に移行できます。

しかし、窓口での本人確認には一つ、落とし穴があります。

移行手続きは本来、紛失・盗難のための手続きですから、「元の SIM カー

ド」を確認するわけにもいきません。

　よって、「本人であることの確認」は、たとえば「運転免許証」や「マイナンバーカード」のような身分証明書と、そこに貼られた顔写真に頼らざるをえません。

　つまり、偽造した運転免許証などを利用し、窓口での本人確認さえ誤魔化すことができれば、原理的には第三者が勝手に「SIM カード」の移行手続きを行なうことは可能です。

　また、仮に戸籍謄本などを何らかの方法で入手できるのであれば、それを元に「本物のパスポート」を"正規の手順"で申請・作成することも不可能ではなく、この方法であれば窓口で提示する本人確認書類自体は"本物"となるので、さらに誤魔化しやすくなります。

＊

　確かに日本では、本人確認書類の偽造はかなり困難です。

　しかし、国や地域、通信事業者によっては、本人確認がずさんな例もあり、顔写真の無い書類でも OK の場合や、インターネット経由で申請可能な場合は、通信事業者の正規手続きを悪用しての「SIM スワップ」は、実はかなり容易です。

■ 職員を買収する / 職員になる

　さらに、もっと根本的な方法として、通信事業者の窓口職員を買収したり、自分や仲間が窓口職員になってしまう、という方法もあります。

　この方法は、窓口での本人確認だけを誤魔化せば良い方法よりリスクが高まります。

　しかし一方で、本人確認用の偽造書類などは不要になりますし、短時間に大量の電話番号を「SIM スワップ」できてしまうという点があります。

　通信事業者の窓口業務はアルバイトなどが多く、潜り込むためのハードルはそこまで高くありませんし、振り込め詐欺の受け子のようにインターネッ

トで求人をかければ、芋づる式に犯罪グループ全体が逮捕される危険性も抑えられます。

なにより、大量の電話番号を短時間で盗めるのは大きな利点で、規模の大きい「SIM スワップ」攻撃では、むしろこちらの方法が使われる例が多いようです。

「SIM スワップ」はなぜ危険？何が起こる？

では、「SIM スワップ」攻撃の被害に遭って「電話番号」を盗まれてしまうと、いったい何が起こるのでしょうか。
実は、想像以上に恐ろしい被害につながる可能性があります。

*

「SIM スワップ」は、その難易度はともかく、手口としてはシンプルで、別段新しい脅威というわけではありません。
にもかかわらず、この手口が 2018 年あたりから急に目立つようになってきたことには理由があります。

それは、前述した「多要素認証」の普及です。

■「多要素認証」の落とし穴、「認証の置き換え」

今や安全な認証システムに不可欠な存在となった「多要素認証」ですが、「多要素認証」をシステム上で実装する際には一つ、気をつけなければならないことがあります。

それは、「認証の置き換え」です。

*

「知識要素」である「パスワード」と、「所有物要素」である「電話番号」（＝SIM カード）宛に送信される「SMS 経由のワンタイムパスワード」の組み合わせは、現在多くのサービスで利用されている「2 要素認証」の典型例です。

しかし、その実装方法を詳細に見てみると、実は問題があるサービスが少なくありません。

＊

無条件で「パスワード・リセット用 SMS」を送信できてしまうようなシステムは、セキュリティ的に脆弱です。

なぜなら、「SMS」で「パスワードをリセット」、すなわち「パスワードの無効化 & 再設定」が可能であるということは、「パスワードを SMS で置き換え可能」であることを意味しているからです。

> ※「パスワード・リセット」申請時に、「生年月日の入力」や「窓口への来店」、「署名・捺印した申請書類の送付」といった別の認証要素を絡めれば、単純な置き換えにはならない。

つまり、このタイプの認証は一見、「パスワード」＋「SMS 経由のワンタイム・パスワード」の「2 要素認証」のようですが、実質的には「SMS だけ」の「単要素認証」ということになります。

＊

同種の「認証の置き換え」は、他にも様々なパターンがあります。

たとえば、「SIM カード」は「通信事業者の本人確認」に置き換えられますし、「通信事業者の本人確認」は、契約時に提出した本人確認書類その他に置き換えられます。

また、Web ブラウザのパスワード自動入力機能を利用している場合、パスワードはそれを保存した「端末の所有」（および端末のロック機能）に置き換えられ、「iPhone」の「Touch ID」はログイン用パスコードの置き換えです。

「認証の置き換え」は、「パスワード・リセット」時の SMS 送信のように、実装によっては「多要素認証」を弱体化させてしまうような場合もあるので、特に高いセキュリティを必要とするサービスを利用する際には、注意が必要です。

■「電話番号」＝「SIM カード」は「多要素認証」の中核

　「認証の置き換え」を踏まえて現在の「多要素認証」を考えると、「電話番号」＝「SIM カード」が極めて重要な役割を果たしていることがわかります。

　インターネット上のサービスにおいて、通信事業者がしっかりと本人確認をしている"はず"で、本人しか持っていない"はず"の「電話番号」＝「SIM カード」は、専用のハードウェア・ドングルのような高コストの要素を除けば、もっとも信頼性が高い認証要素の1つとして扱われています。

　そのため、「認証の置き換え」を踏まえて考えれば、ほとんどのサービスが「電話番号」＝「SIM カード」を認証要素として利用しており、中には一見「多要素認証」だが、実質的には「電話番号」＝「SIM カード」が他のすべての要素を置き換え可能な"マスター・キー"となってしまっている例すら、稀ではありません。

　つまり、現在のネットサービスの認証において、「電話番号」＝「SIM カード」を盗まれることは、少なくても「重要な鍵」を、サービスによっては「マスター・キー」を盗まれることに等しく、「SIM スワップ」による「電話番号」＝「SIM カード」の"窃盗"は、極めて危険な結果をもたらします。

■ プライバシー侵害、不正出金、そして復旧が困難

　SNS やメールで個人情報を収集されれば、電話番号だけではパスできない他サービスの認証も危険に晒されます。
　SNS やメール経由で友人・知人から金銭を騙し取ろうとする試みも、しばしば行なわれます。

＊

　そして、「ネット銀行」や「ネット証券」「仮想通貨取引」などを利用している場合には、被害はさらに深刻です。
　通常、これらのサービスは比較的セキュリティが厳重なはずですが、「認証の置き換え」や「SNS、メールなどから盗める個人情報」まで視野に入

れて考えると、穴があるサービスもあります。

　特に仮想通貨取引所は、高額取引を伴うサービスであるにも関わらず、利便性を重視するあまりセキュリティが甘い業者が少なくなく、最悪の場合、前述のように億単位の被害に繋がる可能性すらあります。

＊

　そして最後に、「SIMスワップ」攻撃を受けるとその瞬間から、利用していた携帯端末は使用不可能となります。

　つまり、被害者本人は「電話番号」＝「SIMカード」を「所有物要素」として使う認証ができなくなるわけです。

　通信事業者や各種サービスへの連絡や利用停止手続きには、どうしても時間がかかってしまうことになり、その間、犯罪者は野放しのままになってしまいます。

「SIMスワップ」から身を守るには？

　では「SIMスワップ」から身を守るには、どうすれば良いでしょうか。

　「SIMスワップ」は被害者本人ではなく、通信事業者に対して仕掛けられる攻撃です。

　そのため、エンドユーザーができることは残念ながら限定的で、「認証の置き換え」も視野に入れて、利用するサービスのセキュリティをしっかりチェックし、なるべく安全性の高いサービスを選んで利用する、といった受け身の対策などがベースとなります。

＊

　なお、唯一効果が高い対策として、「ワンタイム・パスワード生成器」の利用が挙げられます。

　「ワンタイム・パスワード生成器」はネット接続を必要としないため、機器の紛失・盗難さえなければ、「SIMスワップ」のような攻撃からも充分にアカウントを守れます。

　加えて、ネット銀行やネット証券、仮想通貨取引等で高額のやり取りを行

なっている場合は、「重要サービスのSMS認証専用SIMカード」の導入を、検討すべきかもしれません。

　重大な個人情報漏洩事件が相次ぐ現在、「パスワードの使い回し厳禁」はセキュリティ対策の一丁目一番地です。

　それと同様に、重要性の高いサービスには「専用のSIMカード」、つまり「使い回さない電話番号」を用意してやり、その電話番号は一切、外部に漏らさないようにするのです。

　もちろん、電話番号の維持にはランニングコストがかかってしまいますが、現在では安価なMVNO SIMもあるので、高額の貯金や取引があるユーザーには一考の価値があります。

Case 5 現実となった「ディープ・フェイク」犯罪

2019年9月、とある保険会社が、22万ユーロを騙し取られた「サイバー詐欺事件」についての情報を公開しましたが、この事件には一つ、特筆すべき点がありました。

それは、AIを悪用した「ディープ・フェイク」によって引き起こされた疑いが極めて濃厚な事件だったことです。

「ディープ・フェイク」を悪用した？サイバー詐欺事件発生

2019年9月、ドイツの金融企業グループ傘下の保険会社「ユーラーヘルメス社」は、「The Wall Street Journal」紙に、とあるサイバー詐欺事件についての情報を公開しました。

この事件は、英国のとあるエネルギー関連企業を標的として行なわれた「スピア・フィッシング型」の詐欺事件で、犯人はまんまと「22万ユーロ」、日本円にして「2,600万円」を盗み出すことに成功してしまいました。

*

しかし、この事件は、ただの詐欺事件ではありませんでした。

■ 偽物の "ボス" に騙し取られた22万ユーロ

事件を報告した「ユーラーヘルメス社」によると、実際に詐欺が行なわれたのは2019年3月です。

*

とある日の午後、英エネルギー関連企業の最高経営責任者は、ドイツにある親会社のCEOから緊急の電話連絡を受けました。

その電話の内容は、「ハンガリーの取引先に22万ユーロを送金しろ」という命令で、「延滞金を支払うことにならないよう、必ず一時間以内に」との条件が付けられていました。

なお、この命令は通常の手続きとは異なる、ややイレギュラーなもので

した。

　しかしながら、電話口から聞こえてくる声は、その調子も、アクセントも、かすかなドイツ語訛りまでもが聞き慣れた自分の"ボス"のもの。

　従う以外の選択肢はなく、彼は指示通り、22万ユーロを指定された口座へと送金してしまいました。

　さらにその後、事態は喜劇のような結末を迎えます。

　22万ユーロを騙し取られてしまったその日の夜、この最高経営責任者のもとには、再び、同様の電話がかかってきました。

　しかしながら、こんどの電話は、発信元が、親会社のあるドイツではなく、オーストリア。

　さすがに疑念を覚えた彼は、試しに自分からも"ボス"に電話をかけてみることにしました。

　そしてその結果は、後から振り返れば当たり前の話ではありますが、彼を大いに驚かせるものでした。

　自分に電話をかけてきているはずの"ボス"が、なんと自分からの電話にも応答したのです。

　「本物のボスに電話している間も、偽物は私と会話し続けていた」。

　標的となった最高経営責任者は、後に、ユーラーヘルメス社にそう語ったそうです。

■「本物そっくりの声」を利用した「振り込め詐欺」

　以上のように、この事件の基本は、ごく単純な「振り込め詐欺」です。

　かつて「オレオレ詐欺」と呼ばれていたこの詐欺の手口は、メディアなどで大きく報道されたことで今や広く知られるようになり、銀行窓口等でも注意喚起が行なわれるようになりましたが、にもかかわらず、現在でも多くの被害を出し続けています。

　それどころか、「振り込め詐欺」は今や大規模化、国際化しており、闇の

ビジネスとして完全に定着してしまった感すらあります。2019年3月には、タイで日本を標的とする日本人振り込め詐欺グループが。

4月には逆に日本で、中国人を標的とする台湾人の振り込め詐欺グループが逮捕された事件は、いずれも記憶に新しいところです。

しかし、英エネルギー関連企業の最高経営責任者を狙ったこの事件には一つ、特筆すべき点があります。

それは、「ディープ・フェイク」を悪用したサイバー犯罪である可能性が極めて高いということです。

英エネルギー関連企業の最高経営責任者を狙ったこの事件の電話の声は、本物の"ボス"の声とほとんど区別がつかないものでした。

＊

では、「本物そっくりの声」は、どのようにして作られたのでしょう。

その答として、もっとも有力視されているのが、AIを悪用した「声のディープ・フェイク」です。

■「ディープ・フェイク」のハードルは、すでにかなり低い

「本物そっくりの声」を作る方法は、確かに可能性としては、「ディープ・フェイク」以外にもいくつか考えられます。

しかし、現在の「音声合成技術」は、「ディープラーニング」によるAIの急速な発達により、多くの人が考えているよりはるかに進歩しています。

また、音声を合成するためのソフトやサービスも、手軽・安価に利用できるようになっており、中には「Lyrebird」のように無料で利用できるサービスもあります。

つまり、犯罪者にとって、非常に時間と手間がかかり、また技術的にも困難な「既存データの切り貼り」や、詐欺に利用できる特別な才能を探すより、むしろAIを悪用した「ディープ・フェイク」のほうがハードルが低い時代に、すでになってしまっているわけです。

　ちなみに、The Wall Street Journal 紙は専門家の意見として、この事件は「AI を利用した欧州初のサイバー犯罪」の可能性があると報じましたが、The WashingtonPost 紙は後追い記事で、「企業経営者の声を"偽装"した詐欺事件は、少なくても他に 3 件確認されている」との Symantec 社の研究者の話を紹介しています。

現実の問題となった「ディープ・フェイク」

　ここまで説明してきたのは「ディープ・フェイク」を悪用した犯罪事件ですが、「ディープ・フェイク」は犯罪以外では、すでに現実の脅威となっています。

■ 大流行している「ディープフェイク・ポルノ」

　まず、「ポルノ」です。

　「ディープ・フェイク」を悪用したポルノは、2017 年末から爆発的な人気を呼んでいます。
　きっかけとなったのは、「deepfakes」と名乗るネットユーザーが公開した有名女優のフェイクポルノ。
　「deepfakes」は、Google のオープンソース機械学習ライブラリ「TensorFlow」を利用して有名女優の顔写真を AI に機械学習させ、既存のポルノムービーの顔をすげ替えるやり方で、非常に出来の良い「有名女優のフェイクポルノ」を作ってみせたのです。
＊
　さらに「deepfakes」はその後、機械学習を利用したフェイクムービー作成アプリ「FakeApp」をネット上に公開。
　これにより、専門的知識を有していないユーザーであっても、「ディープフェイク・ムービー」が簡単に作成できるようになり、現在に至るまで多くの有名人が「ディープフェイク・ポルノ」の犠牲となり続けています。
＊
　加えて、「ディープフェイク・ポルノ」にはより深刻な被害もあります。

それは「リベンジ・ポルノ」としての悪用です。

「ディープ・フェイク」を悪用すれば、実際に付き合ったわけでもない相手の、まったく「架空のリベンジ・ポルノ」が容易に作れてしまいます。

つまり、何らかの理由で恨みを買ってしまった女性は、どれほど身の回りに気をつけていたとしても、「リベンジ・ポルノ」を作られてしまう可能性があるわけです。

誰でも簡単にフェイクムービーが作成できる「FakeApp」

■ 政治をも左右しかねない「ディープ・フェイク」

政治の世界でも、「ディープ・フェイク」の問題は急速に注目を集めつつあります。

たとえば前述のフェイクビデオ作成アプリ「FakeApp」ですが、「FakeApp」は公開されるやいなや、すぐに政治目的のプロパガンダに悪用されました。

舞台はインド、標的となった被害者は、インドの著名な女性ジャーナリスト Rana Ayyub 氏です。

貞操観念が強いインドでは、「ディープフェイク・ポルノ」の影響力は致命的で、動画が拡散するやいなや、Ayyub 氏の元にはレイプや殺害の脅迫が殺到するようになりました。

そして、この騒動は最終的には国連をも巻き込み、人権高等弁務官事務所がインド政府に対して Ayyub 氏の保護を要請するまで続くことになったのです。

＊

また、「ディープ・フェイク」という存在自体が、政治上の混乱を招いた例もあります。

　2019年正月、中部アフリカの石油産出国ガボンでは、数ヶ月前から国外で脳卒中の治療を受けていたボンゴ大統領による新年の挨拶ビデオが公開されました。

　しかし、このビデオは同国に大きな混乱を巻き起こすことになります。

　ビデオに映る大統領の姿は、妙にまばたきが少なく、姿勢もやや不自然であったため、危ぶまれていた健康状態とも相まって、「ディープフェイク・ビデオではないか？」との疑念の声が一部政治家等からあがったからです。

　後の専門家のチェックでは、幸か不幸かこのビデオからは、フェイクビデオである証拠は見つかりませんでした。

　ですが、この疑念の声に煽られる形で、ガボンではなんと軍事クーデターが勃発。

　クーデターはすぐに鎮圧されたものの、同国は一時、騒然となりました。

「ディープ・フェイク」が疑われ、クーデターの根拠の一つとされた
ボンゴ大統領の演説ビデオ

■ 本物と見分けが付かないフェイク動画が次々と……

　そして、「ディープ・フェイク」への懸念は、先進国でも急速に高まっています。

＊

　最初に話題となったのは、2018年初頭に公開された、オバマ前大統領がトランプ大統領を“彼らしくない口調”で罵る「ディープフェイク・ビデオ」です。

　このフェイクビデオは米国の俳優兼監督であるジョーダン・ピール氏とBuzzFeed社が公開したもので、ピール氏は動画内でこれが「ディープフェイク・ビデオ」であることを明かし、その危険性に警鐘を鳴らしました。

「ディープ・フェイク」の危険性に警鐘を鳴らすジョーダン・ピール氏のフェイクビデオ
https://youtu.be/cQ54GDm1eLO

＊

　また、2018年10月には、YouTubeで非常に精巧なフェイクビデオが公開され、話題となりました。

　このフェイクビデオは、人気映画「ハン・ソロ / スター・ウォーズ・ストーリ」の主役の顔を、「1970年代の若きハリソン・フォード」にすげ替えたもので、その見事な映像は古くからのスター・ウォーズファンの喝采（と少数の非難）を浴びました。

　なお、このユーザーは他にも、映画などのフェイクビデオを多数、公開しています。

主役が「若きハリソン・フォード」にすげ替えられたフェイクムービー
https://youtu.be/ANXucrz7Hjs

そして2019年に入ると、政治家や有名人のフェイクビデオは、もはや珍しいものではなくなります。

中でも、英国で2019年6月に開催された「シェフィールド・ドキュメンタリー映画祭」で公開された一連の「ディープフェイク・ビデオ」の出来は見事で、登場するFacebookのザッカーバーグCEOやトランプ大統領、有名俳優のモーガン・フリーマンらの映像は、フェイクであることをほとんど感じさせないほどです。

大衆のデータ支配について語るFacebookのザッカーバーグCEOのフェイクビデオ
https://www.instagram.com/bill_posters_uk/

以上のように、高度な「ディープ・フェイク」はすでに、本物とほとんど見分けが付かないレベルにまで達しています。

■ 選挙が危ない !?

そして、2019年5月には米国で、「ディープ・フェイク」への警戒感を決定的づける事件が起こりました。

＊

民主党のペロシ下院議長が、まるで"酔っ払っている"かのような、ろれつの回らない口調でスピーチするフェイク動画が爆発的に拡散したのです。

ちなみにこのビデオは、ペロシ下院議長のスピーチ部分の再生速度を約75%に減速し、ピッチを調整しただけの単純なもの。

ですが、この程度の"チープな"細工であっても、フェイク動画が世論に与える影響は大きく、動画は「酔っ払い」「赤ん坊のよう」などと揶揄するコメントとともに爆発的に拡散。

再生回数は数百万回にものぼり、トランプ大統領や、彼の顧問弁護士で元ニューヨーク市長のジュリアーニ氏もこれを共有し、ジュリアーニ氏はこのフェイクビデオに「彼女のスピーチは異様だ」とのコメントまで付ける騒ぎとなったのです[※]。

※ 翌日、動画が細工されたものであったことを知ったジュリアーニ氏は、投稿を削除しTwitter上でペロシ氏に謝罪した。

*

　この事件や、先の「シェフィールド・ドキュメンタリー映画祭」で公開された一連の「ディープフェイク・ビデオ」をきっかけに、2020 年に大統領選を控える米国では今、急速に「ディープ・フェイク」の法規制が進んでいます。

　米下院は 2019 年 6 月、「ディープ・フェイク」に付いての初の公聴会を開催。

　7 月にはバージニア州が既存のリベンジ・ポルノ規制法案の対象に「ディープフェイク・ビデオ」を追加し、10 月にはカリフォルニア州が、選挙活動やポルノを目的とした「ディープ・フェイク」の違法化を承認。

　他州でも同様の動きが広まりつつあります。

*

　「ディープ・フェイク」という技術は、それ自体が悪というわけではありません。

　しかしながら、犯罪やプロパガンダに悪用されると極めて危険な技術です。

Case 6 「キャッシュレス時代」の 落とし穴

「キャッシュレス決済」は、消費税増税と同時にスタートした「ポイント還元事業」により、一種の"ブーム"となっている。
しかし、「キャッシュレス決済」には"落とし穴"もあり、「決済」という重要なサービスだけに、ユーザー側にもしっかりとした準備と知識が必要です。

「ポイント還元」で「キャッシュレス決済」が急増

2019年10月、日本の消費税は10%に増税されました。

今回の消費税増税にはもう一つ、裏の目的があります。

それは、「キャッシュレス化」の推進です。

*

政府は2017年ごろから「キャッシュレス決済」についての研究を進めており、2018年4月には経済産業省が、その具体策についてまとめた「キャッシュレス・ビジョン」を策定しました。

その一環として試みられたのが、消費税増税を「キャッシュレス化推進」に利用する——すなわち「キャッシュレス・ポイント還元事業」です。

*

消費税が「10%」に増税された2019年10月から、2020年6月までの9ヶ月間限定で、キャッシュレス決済時の支払金額を最大「5%ポイント還元」するという「キャッシュレス・ポイント還元事業」。

そして、実際に制度がスタートすると、日本の「キャッシュレス決済比率」は、特に「QRコード」などを利用する「コード決済」を中心に急上昇。すぐに予算の1,786億円を上回る見通しとなり、制度開始から2ヶ月弱で、政府が追加予算確保を発表するほどの人気となりました。

政府の目論見は、ズバリ当たったことになります。

*

　しかし、日本の「キャッシュレス化」が順風満帆かと言えば、実はそうとばかりは言えません。

　今やブームとなった「キャッシュレス」ですが、ブームの足下では、キャッシュレス時代の落とし穴と言える事例が、いくつか起こっているからです。

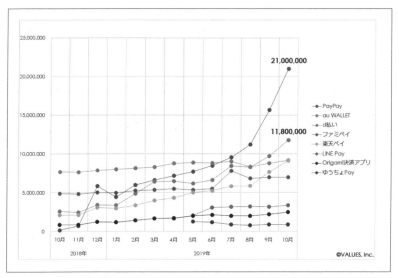

急激に増加しつつある日本のキャッシュレス決済
（マナミナ（VALUES, Inc.）より）

ごっそり盗まれた電子マネー「楽天キャッシュ」

　一つ目は、2019年10月頃から「楽天」のフリーマーケットアプリの「ラクマ」で相次いだ、「楽天ポイント」や「楽天キャッシュ」の不正出金事件です。

＊

　この事件が騒ぎになり始めたのは、2019年10月ごろからです。

　Twitterなどの SNS 上で、複数のユーザーが「ラクマにログインできなくなった」「会員情報を勝手に変更された」「楽天ポイントや楽天キャッシュを不正に使い込まれた」と報告。

　当初は真偽不明の噂にすぎませんでしたが、徐々に詳細な情報が増えていき、ついに10月末、「ラクマ」の公式ブログが正式に、不正ログインおよ

び不正出金被害があったことを公表しました。

＊

　なお、この種のポイント流出事件はこれまでもたびたび発生しており、「ラクマ」の事例は特殊な例というわけではありません。

　ですが、「キャッシュレス化」が急速に進んだこともあって、その被害は予想以上に深刻で、架空のものと思われる高額商品の支払いに使われる手口で「楽天ポイント」や「楽天キャッシュ」を根こそぎ盗まれる例が続出しました。

＊

　なお、「ラクマ」の利用規約には、

> ログインIDおよびパスワードの管理不十分による情報の漏洩、使用上の過誤、第三者の使用、不正アクセス等による損害の責任はラクマ会員が負うものとします。

と記載されていますが、今のところ一連の不正出金事件では、「全額補填」を基本とする対応が行なわれているようです。

　ただし、被害情報の提供や補填の申請はユーザー側が行なう必要があり、メールを介した個別対応のため、補填には相当時間がかかる例も少なくないようです。

使えなくなった「楽天ペイ」

　11月23日、「コード決済」ではトップグループの一員である「楽天ペイ」が、突如として利用不能になりました。

　原因は、九州電力の子会社である「QTnet」が運営するデータセンターの電源設備の更新工事で、作業中のミスにより、「QTnet」のデータセンターの電源がダウンしてしまったことで、「QTnet」のデータセンターを利用していた「楽天ペイ」も使えなくなってしまったのです。

＊

　ちなみに、こちらの事例も、それ自体はさほど特殊なものではありません。

2019 年 8 月には Amazon のクラウドサービス「AWS」（Amazon Web Services）が大規模障害を起こし、その影響で決済サービスからゲームまで、数多くのネットサービスが利用不能になりました。

■ 深刻な問題をはらむネット障害

また、「楽天ペイ」のライバルである「PayPay」「LINE Pay」「d 払い」といったサービスでも、サーバやアプリ不具合によるサービス障害を何度も起こしています。

＊

ですが、「決済サービス」のようなクリティカルなサービスが、ネット障害などのアクシデントで利用不能になるというのは、考えるまでもなく、非常に深刻です。

日本の「キャッシュレス決済比率」がさほど高くないため大きな影響は出ませんでしたが、今後キャッシュレス化が進んで現金を持ち歩かないユーザーが増えれば、間違いなく大混乱となります。

実際、2018 年 9 月の北海道地震の際は、電力や通信が止まったせいでクレジットカードが利用不能となり、災害やアクシデントに対するキャッシュレス決済の脆弱さが露呈しました。

中国で問題になっている「QR コード詐欺」

そして、「キャッシュレス時代」には、新たな犯罪も登場します。

たとえば、「コード決済」先進国である中国では 2017 年ごろからすでに社会問題となっている「QR コード詐欺」です。

■ 偽のQRコード

「コード決済」を狙った詐欺にはさまざまな手口がありますが、中国でもっとも被害が大きいのが**「店舗提示型」**（Merchant Presented Mode：MPM）※の「コード決済」を狙う詐欺手口です。

> ※ 店舗が提示しているコードを利用者側がスマートフォンなどで読み取る「コード決済」の手法。
>
> ユーザー側が読み取ることから「ユーザースキャン」、スマートフォンなどでスキャンすることから**「スキャン支払い」**と呼ばれることもある。

「MPM」タイプの「コード決済」は、高価なPOSレジも釣り銭も不要、「QRコード」を印刷した紙一枚用意するだけで決済が可能なため中国では特に人気が高い決済方法です。

しかし、その特性を悪用して売上げを丸ごと盗み出す詐欺事件が多発しているのです。

*

その手口は非常に簡単で、「偽のQRコード」を貼り付けるだけです。

詐欺犯人から押収された「偽のQRコード」の束
（CDP.com.cn より）

「MPM」タイプの「コード決済」は、店頭に提示されている「QRコード」を利用客がスマートフォンなどでスキャンすることで決済が完了します。

つまり、店舗側が提示している正規の「QRコード」の上に、自分の口座に入金されるよう細工した**「偽のQRコード」**を貼り付ければ、客が支払う料金を根こそぎ横取りできてしまうわけです。

■ 駐車違反キップの偽造

似た手口として、**駐車違反のキップを偽造する詐欺**も多発しています。

中国では駐車違反の罰金までもが「QRコード決済」可能になっており、駐車違反のキップには支払い用の「QRコード」が印刷されています。

つまり、自分の口座に入金されるよう細工した「偽のQRコード」を印刷した偽造駐車違反キップを駐車違反の車に貼りまくれば、車の持ち主が罰金だと思って入金してくれるわけです。

■ 離れた場所から読み取る

さらに、同じ「QRコード」をずっと利用し続けるため、もともと仕組み的に脆弱な「MPM」タイプの「コード決済」だけでなく、「時刻」と同期して数十秒～数分でコードが切り替わるため、安全とされる「利用者提示型」(Consumer Presented Mode：CPM)※の「コード決済」でも、危険があります。

> ※ 利用者のスマートフォンなどに表示されたコードを店舗側がスキャナ等で読み取る「コード決済」の手法。
> 店舗側が読み取ることから**「ストアスキャン」**、スマートフォン上でコードを表示するため**「コード支払い」**と呼ばれることもある。

現在のスマートフォンのカメラは高性能なため1m程度離れた場所からでもコード読み取りが可能で、特殊なレンズや外付けカメラを使えばその距離は数メートル、あるいはそれ以上となります。

そのため、決済のためにスマートフォン上に表示された「QRコード」を離れた場所から読み取られてしまう可能性があり、中国では実際にこの手口の犯罪で逮捕者も出ています。

■ マルウェア

そして、「コード決済」が主にスマートフォンを利用した決済方法である以上、「マルウェア」や「スパイウェア」の脅威も無視できません。

*

中国では、原因不明なトラブルとして、「スキャンしただけで認証無しに大金が盗まれた」「なにもしていないのに残高が空になった」といった被害のニュースが後を絶たず、その中には「マルウェア」や「スパイウェア」による被害も相当数、含まれていると考えられています。

「キャッシュレス」ならではの脅威が増える

以上、「キャッシュレス」の負の側面について説明してきました。
ですが、もちろん「キャッシュレス」には経済的な効率だけでなく、セキュリティの点でも多くのメリットがあります。

■ メリット

「キャッシュレス」は、スマートフォンをなくしたり、盗まれたりした場合でも、端末その他のロックをしっかりかけていれば無断使用されることはなく、新しい端末にそのまま引き継げます。

店舗側にとっても、キャッシュレスは店内に置く現金を減らせる、つまり強盗などの被害を軽減できるという点で、セキュリティ面で現金に勝ります。

また、電気と通信が必要という性質上、キャッシュレスはアクシデントや災害に弱いと言われることが多いですが、これも一側面にすぎません。
地震や津波のような大規模災害の場合、現金などを持ち出す余裕がないこ

とが多いですが、キャッシュレスであれば身一つで逃げても、新しいスマートフォンに引き継いで利用できます。

■ キャッシュレス時代の落とし穴

とはいえ、キャッシュレス時代が本格化すれば、今とは異なる落とし穴が生じることは否定できません。

そもそも、「QR コード決済」などのキャッシュレス決済サービスで「チャージ」や「支払い」が可能な、いわゆる「電子マネー」は、金融関連法との兼ね合いもあり、法的には現金ではなく「ポイント」として扱われる例が大半です。

そのため、不正ログインなどによる被害の補償はサービスごとに異なりますし、有効期限すら「PayPay マネー」は無期限、「楽天キャッシュ」は 10 年、「LINE Money」は 5 年と、サービスごとにバラバラです※。

> ※ ほとんどのサービスでは「チャージした日時」ではなく、チャージや支払い、受け取りなど、「なんらかのサービスを最後に利用した日時」を起点に有効期限を決定している。
> ただし、キャンペーンなどで付与されたポイント等は入手日時を起点に有効期限が決定される場合が多い。

＊

そして、「個人情報」や「プライバシー」の問題も重要です。

キャッシュレス時代が本格化すれば、サービス提供事業者にはユーザーの購買履歴などセンシティブな個人情報が大量に流れ込むことになりますが、万一これが漏洩すると大惨事になります。

情報漏洩事件が日常茶飯事となってしまっている現状を鑑みれば、残念ながら惨事は遅かれ早かれ現実になってしまいそうではありますが、キャッシュレス決済事業者には従来以上のセキュリティ対策を期待したいところです。

Case 7 すでに現実化している 「GPS」の妨害・偽装

> 世界中を驚かせた日産のゴーン元会長の国外逃亡によって、以前にも増して注目を集めるようになった「GPS監視」。
> ですが、「GPS」のセキュリティは意外と脆弱で、その信頼性には懸念の声も上がっています。

世界を驚かせた大脱走劇

2019年末、師走の忙しい時期に報じられたとあるニュースは、日本のみならず世界中を驚かせ、大きな騒ぎとなりました。

日産自動車のカルロス・ゴーン元会長が、秘密裏に日本を出国し、レバノンの首都ベイルートに"脱出"したというニュースです。

大型の楽器ケースに身を隠して空港のチェックをすり抜け、35万ドルで契約したプライベートジェット機で9,000kmを飛んで国外に逃亡……。

この脱出劇は、ゴーン元会長自身は「短期間で計画した、少人数の、あまり資金もかからない計画」と述べています。

しかし、米メディアによると数百万ドル（メディアによっては1,600万ドル、2,200万ドルとも）を投じ、中東地域での人質救出作戦で名が知られる元米陸軍特殊部隊グリーンベレー隊員を中心とする十数人の多国籍チームによって実行された大掛かりなものです。

そのあまりにもハリウッド的な展開は、カリスマ経営者として著名なゴーン元会長の知名度もあって世界中を席巻。早くも映画化の噂まで飛び交うほどの騒ぎとなりました。

*

ちなみに、この事件に対する報道や世論調査の結果は、日本国内と海外でやや温度差があります。

日本国内ではほぼゴーン元会長批判一色であるのに対して、海外では逃亡行為自体は非難しつつも、日本の司法制度についての批判的な論調がかなり

多かったからです。

　ただし1つだけ、国内国外を問わず一致している認識があります。それは、「日本の司法の監視体制、逃亡防止対策が甘すぎた」ということです。

注目が高まる「GPS 監視」

　ゴーン元会長の保釈には様々な条件が付けられていました。例えば、「東京都内の指定された住居に居住すること」「玄関に監視カメラを設置すること」「海外渡航禁止」「インターネット利用の制限」などです。

　また、証拠隠滅を防ぐため「日産関係者との接触禁止」等の対人制限も設けられており、4月の再保釈後には妻キャロル夫人との接触禁止も追加されました。

　ただし、ゴーン元会長の保釈条件には、移動に関しての制限はほとんど含まれていませんでした。監視装置は住居の出入り口を見張る監視カメラだけで、日本国内であれば自由に移動可能。旅行も一泊二日以内であれば許可されていました。

　つまり、空港の出国チェックをくぐり抜ける方法と、「15億円」という（一般人にとっては）高額な保釈保証金を捨てる覚悟さえあれば、ゴーン元会長の国外逃亡は実はそれほど難しくなかったと言え、この事件を受けて、法務省は「保釈制度」の見直しを発表。

　中でも目玉となっているのが、保釈中の被告人逃亡防止のため欧米先進国で広く利用されている **「GPS 監視」** の導入です。

　「人工衛星」を利用して現在地を割り出すシステムは、米国の「GPS」（Global Positioning System）だけでなく、ロシアの「GLONASS」、中国の「北斗」、欧州の「Galoleo」、日本の「みちびき」（準天頂衛星システム、QZSS）やインドの「NavIC」など複数あります。

　そのため、国土地理院はこの種のシステムを、一固有名詞にすぎない「GPS」ではなく、**「GNSS」（Global Navigation Satellite System、衛星測位システム）** と呼称しています。

とはいえ、一般には「GPS」という固有名詞が「GNSS」全体の"通称"として使われている例が非常に多いため、本稿も「GPS」としています。

「GPS 監視」とは

法務省が発表した保釈制度見直しの中でも、ゴーン前会長の国外逃亡で特に注目が高まっているのが、保釈中の被告人逃亡防止のための「GPS 監視」の導入です。

■「GPS」を利用したデジタル監視

「GPS 監視」とは、取り外し困難な機器を被告人の体に装着するなどの方法で、「GPS」を利用して保釈中の被告人の位置をリアルタイムで監視するシステムや制度です。

「GPS 監視」は多くの場合、取り外し困難な「電子ブレスレット」（アンクレット）と、携帯可能な小型端末、そして情報を管理する管理センターの組み合わせで実現されます。

「電子ブレスレット」は、小型端末と近距離通信を行なうだけのシンプルな機器で、防水仕様で入浴等も可能、原則として保釈中はずっと身につけておかなければなりません。

一方、GPS 機能を利用した位置測定や管理センターとの通信を行なう「GPS 監視」の中核となるのが小型端末で、保釈中はこの端末の携帯が義務づけられます。

なお、小型端末と「電子ブレスレット」は、近距離通信で紐付けられており、電子ブレスレットが壊されたり、小型端末から一定以上距離が離れると、管理センターに警告が送信されるようになっています。

■ さまざまな用途に使える「GPS 監視」

「GPS 監視」は、保釈中の被告人の位置を監視して逃亡を防止するだけでなく、「特定の場所への立入禁止」[※1] や、「時間帯による滞在制限」[※2]、「移動制限」[※3]、さらには、被害者側にも機器の装着が必要になるものの「被害者への接近禁止」など、さまざまな目的に利用できる非常に優れた監視システムです。

> [※1] たとえば、小児性愛者に幼稚園や小学校に近寄ることを禁止する、企業犯罪の被告人に関連組織への立入を禁止するなど。
> [※2] 夜間は自宅滞在を義務づける、決まった日時・場所で治療・更正プログラムの履修を義務づけるなど。
> [※3] 一定範囲外への移動禁止など。

それと同時に、人的監視と比べれば運用コストが安く、被告人のプライバシー侵害の度合いも低いため、欧米先進国ではすでに常識となっており、アジアでも韓国や台湾等で広く利用されています。

ちなみに、実はゴーン前会長も保釈請求時に、保釈条件の一つとして「GPS 監視」を申し出ています。残念ながら日本には「GPS 監視」の制度がなく、運用実績も無いため、この申し出は裁判所によって退けられましたが、もしこの申請が通っていれば、2019 年末の大脱走劇は未然に防げていたかもしれません。

「GPS」の基本と弱点

「GPS 監視」は、「GPS」を利用して保釈中の被告人をデジタル監視する技術、またはシステムです。

ただし、ベースとなる「GPS」に対しては昨今、セキュリティの脆弱さを懸念する声が高まっています。
「GPS」は弱点の多い技術だからです。

■ 衛星からの微弱な電波で測位する「GPS」

　「GPS監視」は、言うまでもなく米国の「GPS」等、「GNSS」を利用したデジタル監視システムです。

　「GNSS」は米国の「GPS」をはじめとして、ロシアの「GLONASS」、中国の「北斗」、欧州の「Galoleo」などいくつかあります。

　基本原理はどれも同じで、「GPS衛星」から送信された「GPS信号」を元に、「GPS受信機」が測位を行ないます。

＊

　まず「GPS衛星」ですが、「GPS衛星」の役割は、測位の材料となる「GPS信号」を地上に発信することです。

　誤解されることもありますが、「GPS信号」に含まれているのは**「衛星の位置」**（正確には衛星コード＝軌道情報）と**「時刻」**（「原子時計」を使った極めて正確な時刻）の情報だけで、**「現在地」の情報は含まれていません。**

＊

　一方**「GPS受信機」**ですが、「GPS受信機」の役割は、「GPS衛星」から送られてきた「GPS信号」を受信し、これを元に実際に「現在地」の測位を行なうことです。

　「GPS信号」には、「信号を送信した衛星の位置」と、「信号を送信した時刻」の情報が含まれているので、**「GPS受信機が信号を受信した時刻」との差から、「GPS衛星」までの距離**が割り出せます。

　そして、4つ以上※の「GPS信号」が受信できる、すなわち4つ以上の衛星までの距離が測定できれば、**その交点として現在地**が決定できる、というのが「GNSS」の大まかな仕組みです。

> ※ 現在地を決定するために必要な「GPS衛星」の最小数は3つだが、多くの「GPS受信機」の時計は「原子時計」ではないため精度が低く誤差がある。そのため、「GNSS」では4つの「GPS衛星」の信号を使って、時刻の補正を行いつつ現在地の測定を行う仕組みになっている。

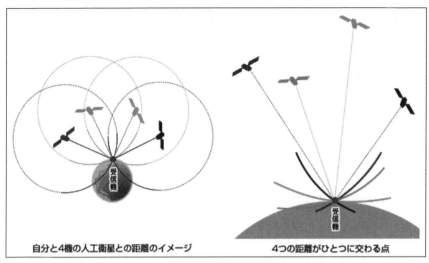

自分と4機の人工衛星との距離のイメージ　　　　4つの距離がひとつに交わる点

http://www.jaxa.jp/countdown/f18/overview/gps_j.html より

■ GPS の弱点

　「GPS」は、地球上の位置を数十 cm ～数十 m の精度で測位できる、非常に有用な技術です。

　しかしながら、数万 km も離れた場所から送信される微弱な電波を元に測位を行なうため、多くの弱点があります。

　　　　　　　　　　　　＊

　GPS の最大の弱点は、私たちもスマートフォンなどで日常的に体感していますが、**「障害物」**に対する弱さです。

　GPS による測位は、「受信できる GPS 信号の数」で精度が大きく左右されます。

　そのため、周囲に障害物がない屋外であればかなりの精度が期待できますが、屋内では精度が大幅に低下します。

　　　　　　　　　　　　＊

　加えて、屋外であっても GPS の精度は、周囲の障害物に大きく左右されます。

　ビル街のように、周囲の障害物が電波を反射してしまうような場所では、

「GPS 電波」が届く経路が複数になる（**マルチ・パス**）ため、正確な測位が難しくなります。

＊

そして、微弱な電波を使うという性質ゆえに、「GPS 信号」は簡単に**「妨害」**（jamming）や**「偽装」**（spoofing）ができてしまいます。

GPS 信号の電力は実は「100 ワット」程度で、「2 万 km 以上離れた 100 ワット電球」をイメージすれば、その妨害や偽装がいかにたやすいか容易に想像できるはずです。

実際、近距離であれば手の平に収まる程度の機器で、GPS 信号は簡単に上書きできてしまうのです。

「GPS」を騙す「GPS スプーフィング」

「GPS なんて偽装しても意味がないのでは？」と思うユーザーもいるかもしれません。

ですが、「GPS」はすでに私たちの社会の基幹技術であり、今後の AI 社会を支えるキー技術でもあり、野放図に偽装されると大変なことになります。

加えて、GPS はもともと軍事用に開発された技術で、軍事分野において位置情報は、一般社会とは比較にならないほど重大な意味をもちます。

＊

いくつか実例を紹介します。

■ サンディエゴを混乱させた米海軍の訓練

GPS の「妨害」や「偽装」が現実世界で初めて大きな問題となったのは、おそらく米国サンディエゴ市の事例です。

2007 年 1 月、サンディエゴ市の広いエリアで突然、GPS が利用できなくなったのです。

＊

この事件の原因は、実はサンディエゴ海軍基地で軍が行なっていた訓練でした。

この訓練は、通信不能に陥ったときの対応手順を確認するもの。

状況をシミュレートするため、船の無線機を利用して、無線信号にジャミングをかけたのですが、その際に誤って「GPS信号」まで妨害してしまったのです。

軍艦とはいえ、わずか一隻の船舶が広範囲をジャミングできてしまうGPSの脆弱性に、懸念の声が多く上がりました。

■ 現在も継続している北朝鮮の攻撃

北朝鮮はこれまで何度も、韓国に対して**「GPS妨害」**による攻撃を行なっています。

断続的に現在まで続いていますが、特に激しかったのが、2011年と2012年に、韓国の首都ソウルを標的にして行なわれた攻撃です。

この時期の攻撃では、同地域の「モバイル通信網」や「航空管制システム」にたびたび障害が発生し、2012年5月の攻撃では試験飛行中の無人ヘリコプターが制御不能となって墜落する事故が起こっています。

■ 米国のドローンを鹵獲したイランの「GPSスプーフィング」

一方、「妨害」ではなく「偽装」、すなわち「GPSスプーフィング」で有名なのが、2011年の「米国ドローン鹵獲事件」です。

2011年11月、イランは米国のステルスドローン「RQ-170センチネル」を鹵獲したと発表しました。

「RQ-170」といえば、「カンダハールの野獣」とも呼ばれ、アルカイダのウサマ・ビン・ラディン殺害作戦にも偵察機として参加した米国の主力ステルスドローンで、価格はなんと600万ドル。これをイランが鹵獲したというのです。

しかも、その後公開された「RQ-170」の映像は、さらに世界を驚かせま

した。映像に映る「RQ-170」はほぼ無傷で、撃墜や事故による鹵獲ではないことが明らかだったからで、当時のオバマ大統領は機体を本物と認め、イランに返還を要求しました。

いったいイランはどのようにして、米国の誇る最新鋭機を無傷で捕獲したのでしょうか。

その答えが「GPS スプーフィング」です。

*

イランによると、「RQ-170」の鹵獲は、過去にイラン軍が事故や撃墜で鹵獲したドローンの分析をベースに、「通信妨害」と「GPS スプーフィング」の二段構えで行なわれたようです。

具体的には、まず「通信妨害」で「RQ-170」の通信リンクを切断し、外部からの操作を受け付けないようにします。

そして、自律飛行となった「RQ-170」に、「GPS スプーフィング」で現在地を自軍基地と"誤認"させることで、イランは敵軍の最新鋭機をほぼ無傷のまま着陸させることに成功しました※。

> ※「RQ-170」鹵獲事件についてのイランの説明はあくまで概要に留まっており、実際にはここまで簡単な話ではなかった可能性が高い。
> 　軍用機のセキュリティは高く、軍用機が利用する GPS 信号も、民間用と違って暗号化されているからだ。

■「GPS スプーフィング」の研究を進めるロシア

最後にロシアです。

もちろん公式には認めていませんが、ロシアは「GPS スプーフィング」を、すでに実戦投入していると考えられる国の１つです。

*

2017 年 6 月、黒海を航海中の複数の船舶が、GPS 機器の異常を検知しました。

黒海航行中であるにもかかわらず、いずれの船も現在地が数十 km も離れた「空港」と表示されたのです。

　同種の異常はその後も、現在に至るまで多くの船舶で確認されており、2017年〜2019年の2年間だけで一万件以上の報告が上がっています。

　さらに、ロシアは首都モスクワでも、「GPSスプーフィング」を"実戦配備"しているようです。

　2016年頃から首都モスクワでは、クレムリンを中心とした広い地域で、現在地が「空港」と表示される異常が確認されていました。当初は局所的なエラーとも考えられていましたが、夏以降に「ポケモンGO」がブームになるとその範囲が極めて広大であることが判明。こちらもどうやらロシア政府による「GPSスプーフィング」のようです。

*

　ちなみに、「空港」に偽装される理由は、おそらく**「ドローン対策」**です。

　現在市販されているドローンの多くは、「空港付近」では飛行できないようにプログラムされています。

　つまり、現在地を「空港」に偽装すれば、ドローンは飛行できなくなるわけです。

身近にもある GPS の妨害や偽装

　GPSの「妨害」や「偽装」はもっと身近なところでも、すでに当たり前のように行なわれています。

*

　もっとも多いのは端末上でのソフトウェア的な偽装、たとえば「ポケモンGO」のような位置情報を利用するゲームの**「チート行為」**です。

　同様に、こちらは少し悪質なケースですが、**「ポイント取得」**に「GPS偽装」が悪用される例もあります。

　この種の事件では2018年11月、イオンから「GPS偽装」を悪用して538万円ぶんもの「来店ポイント」を騙し取ろうとして逮捕された事件が有名です。

*

　以上の例は、端末内でソフトウェア的に行なわれる偽装や妨害なので、周

囲に被害が及ぶようなことはありません。

　ですが、電波それ自体の「妨害」や「偽装」も、実はすでに珍しくなっています。

　典型例は、いわゆる**「ロケーション・ハラスメント」**対策です。

　最近は日本でも珍しくないですが、雇用主の権利が強いアメリカでは、GPSが一般的になるやいなや、社員にこれをもたせて行動を監視する企業が続出しました。

　一方、社員側は、これを妨害するため**「GPSジャマー」**、すなわち**GPS妨害装置**を利用。

　米国では「GPSジャマー」は、**「PPD」**（Personal Privacy Device）と呼ばれて一時、飛ぶように売れました。

　なお、「GPSジャマー」は日本では、微弱電波のみ発信する機器は現在でも合法ですが※、米国では航空機等の安全運行を妨げる可能性があるとの理由ですでに違法化されています。

日本では現在も簡単に入手できる「GPSジャマー」

> ※ 微弱電波の域を超える「GPSジャマー」は電波法の規制を受けるため、使用には無線局の免許等が必要になる。

難しいGPSの「妨害」「偽装」対策

　「ロケーション・ハラスメント」の対策に利用される「GPSジャマー」のような機器は、今後深刻な脅威となり得る可能性があります。

　なぜなら、電波強度にもよりますが、この種の機器を使った「GPS妨害」や「偽装」の効果は、周囲にも及ぶからです。

＊

　たとえば、**「自動運転車」**です。

　もし自動運転車の隣に「GPS偽装機」を搭載した車が並んだら、どうな

るでしょうか。

　もちろん、自動運転車はGPSだけで自車の現在位置を把握しているわけではありません。

　しかし、瞬時の判断が生死を分ける自動運転車にとって、GPSの「妨害」や「偽装」は大きな脅威です。

＊

　とはいえ、GPSの脆弱性解消は、実はかなり困難です。

　たとえば、「GPS信号の暗号化」は有効なセキュリティ対策ですが、これには「GPS衛星」の更新が必要になります。

　もう一度「GPS衛星」を打ち上げ直す必要があるわけで、膨大なコストと時間がかかります。

　一方、「GPS受信機」の「指向性アンテナ化」※は、受信機側の更新だけですむので比較的現実的な対策です。

　ただし、この対策は「固定された受信機」のための対策で、モバイル端末では意味がありません。

> ※ 正規のGPS信号が「空」から送信されるのに対して、妨害・偽装信号の多くは「地上から」発信される。
> 　そのため、「GPS受信機」のアンテナに指向性をもたせ、「地上から」の信号を無視するようにすれば、GPS妨害や偽装を防ぐことができるようになる

　そもそもGPSは1970年代に開発がスタートし、順次更新されてはいるものの、1997年に打ち上げられた衛星が未だに現役という古いシステムで、GPSの脆弱性対策はなかなか難しいと言わざるを得ません。

Case 8 「セキュリティ・ソフト」自体が脆弱性に！三菱電機不正アクセス事件

> 2011年に日本屈指の防衛関連企業である「三菱重工業」が大規模サイバー攻撃の被害に遭った事件は日本中に衝撃を与えました。
>
> 2020年1月、こんどは「三菱電機」が攻撃を受けていたことが明らかになりました。
>
> しかも、驚いたことに、この攻撃で"抜け道"となったのは、「セキュリティ・ソフト」の脆弱性でした。

日本一の防衛企業・三菱、二度目の敗北を喫す

不正アクセスなどによる大規模な情報漏洩事件は、もはや常態化してしまっていますが、残念ながら2019年も、その勢いは衰えることはなく、多くの被害が出る一年となってしまいました。

信用調査会社「東京商工リサーチ」によると、2019年に不正アクセスなどによる情報漏洩被害に遭った上場企業の数は、32社で計41件。

これは、2012年にスタートした同社の調査では過去最大です。

そして、2020年に入ってもその勢いは、一向に鎮火の気配を見せていません。

1月には、20日に三菱電機が、31日にはNECが高度な不正アクセスを受けて大規模な情報漏洩事件を起こしていたことが判明。

さらに、2月6日には河野防衛相が会見で、2016年に神戸製鋼所、2018年にパスコがやはり不正アクセス被害に遭っていたことを公表。

日本の防衛関連企業が「APT攻撃」、つまり高度かつ継続的なサイバー攻撃の標的となっている状況が浮き彫りになりました。

*

なお、三菱グループは2011年にも、やはり防衛関連企業である三菱重工が大規模サイバー攻撃の被害に遭っています。

つまり、三菱グループにとって今回は二度目の敗北となるわけですが、いったいどのような攻撃だったのでしょうか。

高度な「APT 攻撃」で陥落した三菱電機

今回のサイバー攻撃の発火点となったのは、2019 年 3 月 18 日です。

三菱電機の中国拠点で、ネットワーク内の「ウイルス対策管理サーバ」が"未知の脆弱性"（当時）を悪用した不正アクセスを受けて陥落。

乗っ取られた「ウイルス対策管理サーバ」が、セキュリティソフトの「パターン・ファイル」アップデート機能を悪用する形で、中国拠点内ネットワークで「マルウェア」の拡散を開始したのです。

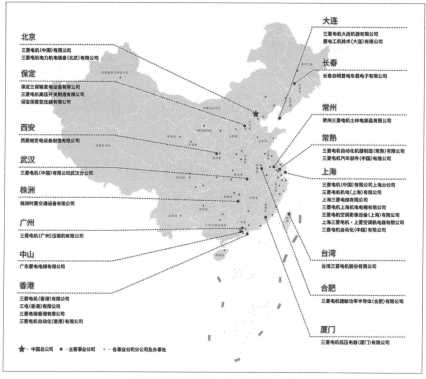

三菱電機の中国拠点（三菱電機より）

＊

なお、バラまかれたマルウェアは、「実体ファイル」をもたず、Windows OS の標準搭載コンポーネントである「PowerShell」を悪用して「ファイルレス」で動作するマルウェアでした。

加えて、三菱電機のセキュリティをかいくぐれるようカスタマイズされて

いたため、「セキュリティ・システム」はこれを検出できず、マルウェアの感染は、あっという間に拡大。

　感染端末には外部からのリモートアクセスを受け入れる「バックドア」が設置され、三菱電機の他の中国拠点にも感染が広がっていきました。

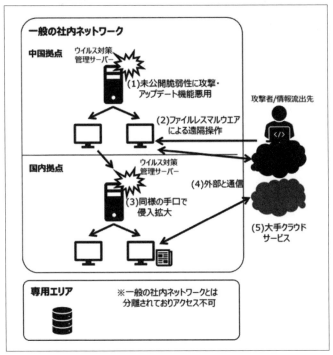

三菱電機を標的としたAPT攻撃の概念図（三菱電機より）
http://www.mitsubishielectric.co.jp/news/2020/0212-b.pdf

＊

　そして4月3日、ついに日本国内への攻撃が始まります。
　その手口は3月18日、中国拠点で「ウイルス対策管理サーバ」を陥落させたのとまったく同じ手法。
　中国拠点内の感染端末を踏み台にし、日本国内拠点の「ウイルス対策管理サーバ」を標的としたこの攻撃も、やはり成功してしまいます。

　以降の展開も同様で、国内拠点の「ウイルス対策管理サーバ」は、アップ

デート機能を悪用してマルウェアを拡散。

　三菱電機の国内ネットワークは「ファイルレス型」のマルウェアに汚染されていき、「バックドア」が設置されましたが、やはり「セキュリティ・システム」はこれを検出できませんでした。

個人情報、企業機密、そして防衛省の「注意情報」が漏洩

　その後、3ヶ月弱もの間、この攻撃で利用されたマルウェアは、誰にも知られることなくひっそりと活動を続けていました。

　しかし、2019年6月28日、長らく騙され続けてきた「セキュリティ・システム」が、ネットワーク端末内での不審な活動を検出。

　三菱電機はようやく、自社ネットワークが攻撃されていたことに気がつきました。

　そして、7月8日には「PowerShell」を悪用して動作する「ファイルレス型」のマルウェアであることを突き止め、7月10日には国内外24.5万台全端末のチェックを開始。

　7月17日までに不正な通信をすべて特定し、遮断することに成功しました。

　最初の攻撃から約4ヶ月、ようやく被害の封じ込めに成功したことになります。

＊

　なお、この攻撃における被害の解析は、非常に高度な攻撃であったこと、またログが攻撃者によって消されていたこともあって非常に難航したようで、最終結果が出たのは11月15日です。

＊

　三菱電機によると、「感染の疑いアリ」と判定された端末は、国内外で132台。

　「重要度の高い情報は流出しておらず、被害や影響も確認されていない」とのことですが、流出した"可能性がある"情報として、「採用応募者、従業員、退職者、約8,000人分の個人情報」、「技術資料、営業資料等の企業機

密」、そして 2 月 10 日の続報で「防衛省の『注意情報』」※ を挙げており、その被害は相当なものでした。

> ※ 現在の防衛省におけるいわゆる軍事機密は、「日米相互防衛援助協定」に基づき米国から供与された装備品を対象とする「特別防衛秘密」、「特定秘密保護法」に基づき特に機密性の高い情報が指定される「特定秘密」、そして「自衛隊法第 59 条」に基づく「省秘」の 3 つで管理されている。
> 　ただし、「省秘等」として「省秘」以外に「注意情報」「部内限り」の 2 つがあり、これらも漏洩すれば自衛隊法や国家公務員法の守秘義務規定に抵触する。

「セキュリティホール」となったセキュリティソフト

「APT 攻撃」（Advanced Persistent Threat）の特徴は、特定のターゲットを狙って行なわれる「標的型攻撃」の中でも、手法が「高度」（Advanced）、かつ攻撃が「持続的」（Persistent）であることで、三菱電機を狙った今回の攻撃は、まさに「APT 攻撃」の典型例です。

しかしながら、今回の攻撃にはもう 1 つ、目を引く特徴がありました。
それは、**セキュリティを守るための「セキュリティ・ソフト」が、システム全体の脆弱性、すなわち「セキュリティ・ホール」となってしまった**ことです。

三菱電機への攻撃は、ネットワーク内の「ウイルス対策管理サーバ」に対する"未知の脆弱性"を悪用した不正アクセスが発火点となりました。
この「ウイルス対策管理サーバ」がどんな製品だったのかは公式にはアナウンスされていませんが、状況証拠から考えれば、おそらく報道されている通り、トレンドマイクロ社の「ウイルスバスター」の企業用バージョン（以下「ウイルスバスター Corp.」）です。

*

そして、悪用された"未知の脆弱性"は、後に「CVE-2019-9489」「CVE-2019-18187」と名付けられた、「ウイルスバスター Corp.」に存在する 2 つの脆弱性だったと思われます。

79

■ ディレクトリを"遡れる"「ウイルスバスター」の脆弱性

「CVE-2019-9489」と「CVE-2019-18187」は、どちらも「ディレクトリ・トラバーサルの脆弱性」と呼ばれており、簡単に言えば要求されたファイル名のセキュリティ検証に問題があるという脆弱性です。

乱暴な例ですが、たとえばアクセス要求時に「../」（ドット、ドット、スラッシュ）のような文字列を複数混入すると、本来アクセスが許されないはずの親ディレクトリに"遡って"アクセスできてしまうという脆弱性です。

その性質から「ディレクトリ・クライミング」や「バック・トラッキング」などの名で呼ばれることもあります。

ちなみに、「CVE-2019-9489」は「ディレクトリ・トラバーサル」によって、「ウイルスバスター Coop.」サーバ上の任意のファイルを改変できてしまう脆弱性で、これを悪用すると、サーバの「管理コンソール」に「管理者権限」でログオンできてしまいます。

一方、「CVE-2019-18187」は、ZIP ファイルをアップロードして任意のディレクトリ配下に展開および実行できてしまう脆弱性ですが、これを悪用するにはサーバの管理コンソールに管理者権限でログインする必要があります。

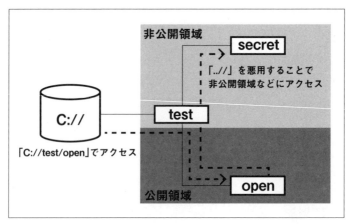

非公開領域

secret

「../／」を悪用することで
非公開領域などにアクセス

test

C://

「C://test/open」でアクセス

公開領域

open

親ディレクトリに"遡れる"ディレクトリ・トラバーサル

　つまり、おそらく攻撃者は「CVE-2019-9489」を悪用してサーバの管理コンソールに管理者権限でログオン。

　その後、「CVE-2019-18187」でマルウェアその他を配置し、不正なコードを実行したものと思われます。

　なお、トレンドマイクロ社が「CVE-2019-9489」の情報公開および「修正パッチ」のリリースを行なったのは、三菱電機の日本国内ネットワークが攻撃された翌日の4月4日です。

　一方、「CVE-2019-18187」の情報公開および修正パッチのリリースは、なんと10月28日。

　三菱電機が被害の封じ込めにようやく成功した後も、「CVE-2019-18187」はずっと未知の脆弱性のままであり続けたことになります。

"常態"となってしまったサイバースパイ戦争

　こうして、なんとか三菱電機の被害は封じ込められましたが、その後、恐ろしい事実が明らかになりました。

　三菱電機は今回の攻撃の実行犯について、公式には「発信元が偽装されており、攻撃者の特定は困難」と述べています。

　ですが、一部メディアは内部情報を元にした報道で、「Tick」（別名「BRONZE BUTLER」「REDBALDKNIGHT」）や「BlackTech」を犯人として挙げています。

　「Tick」と「BlackTech」は、いずれも東アジア地域を舞台に、高度な技術力をもつ先進企業の機密窃取を目的として何度も大規模なサイバー攻撃キャンペーンを繰り返している、非常に凶悪なサイバー犯罪グループです。

　また、三菱電機は今回の事件を契機に、過去10年間のサイバー攻撃を分析しました。

　そして、2015年に日本年金機構から膨大な個人情報を盗み出したマルウェア「Emdivi」や、Google社を標的としたサイバー攻撃キャンペー

ン「Operation Aurora」との関連が疑われるサイバー犯罪集団「Aurora Panda」（別名「APT17」）などによる攻撃の痕跡も見付かったようです。

　実際に侵入されたのかどうか、被害の有無などは分かりませんが、三菱電機はもうずっと昔から、常に多くのサイバー犯罪グループの標的となり続けてきたことになります。

　……「セキュリティ・システム」をも逆手に取り、複数の未知の脆弱性を悪用する高度な手口で執拗に攻撃を繰り返す。
　高度な技術をもつ先進企業がAPT攻撃で狙われるのは、今や世界共通の問題となっています。

　また、犯罪集団だけではなく国家も、すでに多くの国がサイバー軍を設立。
　日本の同盟国である米国ですら、2019年6月に直前のタンカー爆発や無人偵察機撃墜の報復として、イランにサイバー攻撃を行なったと米Washington Post紙や米New York Times紙が報道しています。

　米国防省はノーコメントとしていますが、現実世界よりはるかに証拠を押さえるのが困難なサイバー空間は、今や以前にも増して無法地帯となりつつあると言わざるを得ません。

Case 9 「偽メール」はなぜ無くならないのか？

インターネットが普及して以来、すでに 20 年以上が経ちますが、一向に減る気配を見せないのが電子メールを利用したサイバー犯罪です。
これほど長い間、多くの被害をもたらしているにもかかわらず、なぜ「偽メール」はなくならないのでしょうか？

多発する「パニック便乗詐欺」

新型コロナウイルス影響は、企業や学校の閉鎖、外出制限や入出国制限、株価暴落など、私たちの日常生活にも、大きな被害が出ました。

加えて、この種の大事件につきものなのが、悪質な「便乗サイバー犯罪」です。

*

「新型コロナ」を巡る騒動でも、騒ぎに乗じてマルウェアをバラまこうとする「マルウェアメール」や、品薄となっているマスクの架空販売「詐欺メール」など、新型コロナウイルスに便乗するサイバー犯罪が数多く確認されています。

そして、この種のサイバー犯罪において決まって "入り口" として悪用されるのが、「電子メール」です。

「SNS」や「ショートメッセージ・サービス」(SMS)、あるいは改ざんされた Web サイトや未知のセキュリティホールが攻撃の入り口として悪用される事例も多いです。
しかし、依然として「電子メール」は、サイバー犯罪者の主力武器であり続けており、「電子メール」をまったく利用しないサイバー犯罪はほとんどありません。

*

「電子メール」が普及し、広く利用されるようになってからすでに 20 年

以上。

　にもかかわらず、「電子メール」はなぜ、未だにサイバー犯罪者の主力武器であり続けてしまっているのでしょうか。

＊

　本稿では、「偽メール」がなぜ無くならないのか、その理由を説明します。

新型コロナウイルスに便乗するマルウェアメール（左）
（IPA より：https://www.ipa.go.jp/security/announce/20191202.html#L12）
同じく新型コロナウイルスに便乗したマスクの架空販売詐欺メール（右）
（国民生活センターより：http://www.kokusen.go.jp/news/data/n-20200312_1.html）

「電子メール」の仕組み

　「偽メール」が一向に減らない最大の理由は、結論から言うと、「電子メール」を送信するためのプロトコル「SMTP」（Simple Mail Transfer Protocol）があまりにも古く、セキュリティが脆弱だからです。

＊

　まずは、そもそも「電子メール」がどのような仕組みで送受信されているかを説明します。

■「送信用」の「SMTP」、「受信用」の「POP」「IMAP」

　「電子メール」の送受信には、「送信用」と「受信用」の2種類のプロトコルが必要です。

　①送信用には「SMTP」、②受信用には主に「POP」(Post Office Protocol)や「IMAP」(Internet Message Access Protocol)が利用されています※。

> ※ 現在利用されている「POP」は「POP Version 3」であるため「POP3」と、「IMAP」は「IMAP Version 4」であるため「IMAP4」とも呼ばれています。

　ちなみに、「受信用プロトコル」が2種類あるのは、それぞれ役割が異なるからです。

　「POP」は「メール・サーバ」からメールをダウンロードし、手元のメールソフト上でメールを管理するための昔ながらのプロトコル。

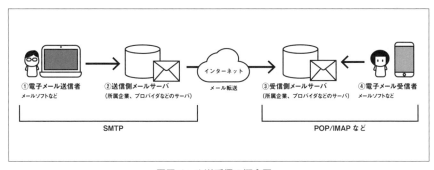

電子メール送受信の概念図

　一方「IMAP」は、サーバ上のメールを直接操作する、つまり、いわゆる「Webメール」を利用するためのプロトコルです。

＊

　そして、受信用の「POP」と「IMAP」に関しては、セキュリティの問題はそこまで深刻ではありません。

　たしかに、「POP3」や「IMAP4」も古いプロトコルで、暗号化の仕組みがないなど、かなり脆弱です。

　しかしながら、「受信用プロトコル」を利用するのはメールサーバとその利用者だけなので、プロトコルの変更やアップデートが比較的容易です。

　現在では、多くのプロバイダで、「POP」や「IMAP」に暗号化を盛り込んだ「POPS」（POP over SSL）や「IMAPS」（IMAP over SSL）といった安全性の高いプロトコルが利用可能になっているからです。

＊

　しかし一方、「送信用プロトコル」の「SMTP」のセキュリティは、致命的です。

　「郵便」や「宅配サービス」の例を考えれば明らかですが、手紙や荷物は「届くこと」、それ自体が最優先で、配送員や配送会社、あるいは地域によって手紙や荷物が届かないようだとお話になりません。

　同様に、特定の相手からしか受け取れないようではメールとして使い物にならないため、電子メールの「送信用プロトコル」は、「互換性」を最優先せざるを得ません。

　それ故に、「暗号化」はおろか、「認証の仕組み」すらない80年代の古いプロトコルである「SMTP」を、バージョンアップもせずに使い続けざるを得ないのです。

■ 脆弱なメール送信プロトコル「SMTP」

　では、実際に「SMTP」でどのようにメールが送信されているのかを説明します。

＊

　電子メールの本体は、**「ヘッダ」**と**「ボディ」**の2つで構成されています。

　まず**「ヘッダ」**ですが、これは「差出人」（From）や「宛先」（To）、「件名」（Subject）、「送信時刻」（Date）といった情報が記述されている領域。

　受信したメールを「メール・ソフト」などで開いた際、「差出人」「宛先」「件名」といった欄に表示される情報は、「ヘッダ」に記述されている情報です。

*

一方、「**ボディ**」は、「メール本文」や「添付ファイル」です。

しかし、「SMTP」プロトコルは実は、メールの「ヘッダ」部に従ってメールを送信するわけではありません。「SMTP」でメールを送信する際には、電子メール本体（「ヘッダ」＋「ボディ」）を送信する前に、

①「メール・サーバ」に接続する
②「MAIL FROM」コマンドで「送信元メール・アドレス」を入力する
③「RCPT TO」コマンドで「宛先メール・アドレス」を入力する

という手順を踏む必要があります。

*

そして、この「SMTPコマンド」が交わされる部分は、「エンベロープ」（envelope）と呼ばれます。

「**SMTP**」によるメールの送信は、実際には「エンベロープ」部の「RCPT TO」コマンドで指定されたアドレス宛に行なわれます。

そして、「エンベロープ」部は「SMTP」のコマンドなので、メールが宛先サーバに到達すると消えてしまいます。

つまり、「SMTP」では「送信者情報」である「**MAIL FROM**」も、実際の宛先である「**RCPT TO**」も、**受信したメール上には残らない**仕組みになっているわけです※。

> ※ 実際には、「エンベロープ」部の「MAIL FROM」の情報は多くの場合、宛先「メール・サーバ」到達後に「ヘッダ」部の「Return-Path」欄に転記される。
> 　一方、「**RCPT TO**」は受信メール・アドレスそのものであり、また「ヘッダ」部の経由サーバ履歴である「**Received**」欄で確認できる場合が多い。

Case 9　「偽メール」はなぜ無くならないのか？

■「偽装」が容易な電子メール

　以上のように、「エンベロープ」部の「MAIL FROM」（エンベロープ From）と、メールソフト上で確認できる送信者情報である**「ヘッダ」部の「From」**（ヘッダ From）は、まったくの別物です。

　同様に、真の宛先である「エンベロープ」部の「RCPT TO」（エンベロープ To）と、メールソフト上で確認できる宛先である「ヘッダ」部の「To」（ヘッダ To）も、やはり別物です。

＊

　それどころか、「SMTP」はメール本体の「ヘッダ」部を一切参照せず、「エンベロープ」部と「ヘッダ部」の同一性チェックなども行ないません。

　つまり、「エンベロープ From」と「ヘッダ From」、あるいは「エンベロープ To」と「ヘッダ To」には、**異なるメール・アドレスを指定可能**で、メールソフト上で確認できる「ヘッダ」部の「From」や「To」は、実際には「メール送信者の自己申告」でしかありません。

＊

　加えて、「エンベロープ」部の「MAIL FROM」は、「RCPT TO」で指定された「メール・アドレス」が存在しないなど、メール送信になんらかのエラーが生じた場合に「エラー・メッセージ」の通知先として利用するための情報で、メールが正常に送信完了した場合には利用されません。

　つまり、これも自在に偽装可能で、「エンベロープ From」は「ヘッダ」部の「Return-Path」欄に転記されることが多いため、メール本体から確認しやすいのですが、やはりまったく信用できません。

＊

　そして極めつけなのが、**「SMTP」には認証の仕組みがまったく備わっていない**ことです。

　「エンベロープ From」と「ヘッダ From」が共にまったく信用できないことに加えて、「実際の送信者」をチェックする仕組みが何ら備わっていないわけです。「SMTP」のこの過去の遺物のような脆弱な仕様こそが、「偽メール」がいつまで経っても減らない最大の理由だと言えます。

＊

……「SMTP」の脆弱性はずっと以前から問題視されており、さまざまな修正の試みがなされてきました。

　そして、「SMTP」に認証の仕組みを追加した**「SMTP 認証」**（SMTP-AUTH）や、**「SPF」**（Sender Policy Framework）、**「DKIM」**（DomainKeys Identified Mail）、**「DMARC」**（Domain-based Message Authentication, Reporting, and Conformance）…といった「送信ドメイン認証技術」など、現時点で登場している技術を組み合わせれば、送信者偽装はかなりの部分、防げるようになると言われています。

＊

　しかし、ネックとなるのは、やはり**「互換性」**です。

　特に企業では、「顧客にメールが送れない」「顧客からのメールが受け取れない」といった状況は致命的で、「偽メール防止技術」の普及はなかなか進まないのが現実です。

　とは言え、現在の「メール・トラフィック」の6〜7割は迷惑メールと言われており、5Gの本格化によるトラフィック増大や、ますます凶悪化するサイバー犯罪を鑑みれば、そろそろ根本的な対策に乗り出すべきかもしれません。

Case 10 オンライン会議サービス「Zoom」の落とし穴

新型コロナウイルスの流行によって、利用者が急増したオンライン会議サービス「Zoom」ですが、「Zoom」にはさまざまな問題が見付かっており、批判的な声もありました。
本稿では「Zoom」の問題点を説明し、その使い方について考えてみます。

人気急上昇のオンライン会議サービス「Zoom」

新型コロナウイルスの猛威の中、「オンライン会議サービス」が注目を集めています。

中でも「Zoom」の勢いは凄まじく、2019年末時点で最大1,000万人だった月間利用者数が、2020年3月には2億人にまで激増。4月現在もその勢いは留まるところを知りません。

・利用者が急増し、インフラとなりつつあるオンライン会議サービス「Zoom」
https://zoom.us/

■ 手軽で簡単、高品質な「Zoom」

使ってみれば分かりますが、「Zoom」の使い勝手は他の同種サービスと比べて、群を抜いています。

オンライン会議サービスは多数ありますが、ほとんどのサービスは、「サービス独自のアカウントが必要」「『友だち』である必要がある」「専用クライアントアプリが必要」「利用可能なプラットフォームが決まっている」などの制限があります。
つまり、利用するにはユーザー側がある程度、利用したいサービスに合わせた環境を構築しなければならないわけです。
それに対して「Zoom」は、サービスの独自アカウントが不要で、Webブラウザからも利用可能です。

　つまり、環境を構築する必要がなく、招待してもらうだけで、あるいは「ミーティングID」と「パスワード」さえ入手できれば誰でも気軽に利用できます。

　この、利用のハードルの低さは、間違いなく「Zoom」が支持される理由の一つです。

　加えて、「オンライン会議」としての品質も、「Zoom」は非常に優れています。

　「Zoom」は100人近い参加者が同時接続しても、動画や音声の品質低下がほとんどなく、低速度のモバイル回線などでも多くの場合、問題なく利用できます。

＊

　しかし、「Zoom」に対しては批判の声も、少なからずあります。

　というのは、「Zoom」の安全性に疑問を投げかけるようなニュースが、次々と報じられたからです。

次々と発見される「Zoom」の脆弱性

　「Zoom」をめぐるもっとも深刻な問題は、次々と脆弱性（ぜいじゃくせい）が発見されていることです。

■ 極めて危険な「Windows用クライアント」の脆弱性

　ユーザー数が急増したこともあって、2020年に入ってから「Zoom」には、いくつもの脆弱性が発見されました。

　中でも深刻だったのが、Windows用クライアントの「UNC（Universal Naming Convention）パス処理の脆弱性」です。

＊

　この脆弱性は、不正に細工されたURLリンクをクリックすると、Windowsの認証情報を盗まれたり、任意のプログラムが実行されてしまうという非常に危険、かつ悪用が容易なもの。

これは 3 月 31 日に明らかになり、事態を重く見た Zoom 社は、翌 4 月 1 日、即座に修正プログラムを公開しています。

■ "マルウェア的" と非難された MacOS 用クライアント

また、「Mac 用クライアント」でも、MacOS 上で「root 権限」を取得できてしまう脆弱性や、バックグラウンドで「カメラ」や「マイク」の制御を乗っ取ってしまう脆弱性が発見されています。

＊

「Zoom」の「Mac 用クライアント」には、もともと Apple 社非推奨の方法を使って MacOS の「インストール警告画面」や「デバイスへのアクセス権限確認」をスキップ（＝無力化）する仕組みが備わっており、見付かった脆弱性はこれを悪用したものでした。

そのため、「Zoom」のこういった仕組みは、一部のセキュリティ専門家から「マルウェア的」だと指摘され、Zoom 社は即座にインストーラーを標準的な動作に修正したものの、非難の的となりました。

「クリック数を減らすため」に、MacOS 上で「Zoom」のインストーラーは "マルウェアのように"「インストール警告画面」の一部をスキップする。
（発見者である独 VMRay 社のテックリード、Felix Seele 氏の Twitter より：https://twitter.com/c1truz_）

集団訴訟を起こされた「Facebook」への情報送信

さらに、これは脆弱性ではありませんが、iOS 用クライアントでも問題が見つかっています。

「Zoom」は「Facebook」との連携機能を備えており、「Facebook アカウント」でもログイン可能です。そして「Zoom」の「Facebook 連携機能」はアプリに組み込まれた「Facebook SDK」で実現されています。

それが「iPhone」や「iPad」に「Zoom」をインストールすると、「Facebook アカウント」の有無にかかわらず、ユーザーの情報が Facebook に送信されるようになっていたのです。

加えて、「Zoom」のプライバシーポリシーには、「Facebook アカウント」でログインした際に情報が送信されることは記載されていたものの、そうでないユーザーの情報まで Facebook に送信されるとは記されていませんでした。

そのため、プライバシー意識が高い米国では大問題となり、「Zoom」は非を認めて謝罪し、「Facebook SDK」をアプリから取り除いたものの、集団訴訟を起こされてしまいました。

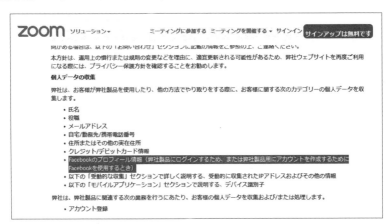

2020 年 3 月 29 日に改訂される "前" の「Zoom」のプライバシーポリシー
(https://zoom.us/jp-jp/privacy.html)

強固、とまでは言えない「Zoom」の暗号化

　第2に、「Zoom」は通信の安全性をウリの一つとしてきたサービスですが、実は最近、「Zoom」の通信安全性は Zoom 社が主張するほど高くない、ということが徐々に明らかになってきています。

＊

　Zoom 社は、公式の「Security Guide」において、「Zoom」の通信は「256 ビットの AES」を利用し、「エンド・ツー・エンド」（End-to-end）で暗号化されており、極めて安全と説明していました。

　しかし、カナダのトロント大学の研究者は4月3日、同大学の「Citizen Lab」で、「Zoom」の暗号化は Zoom 社の主張ほど完璧ではないという内容の論文を発表し、Zoom 社もそれを認め、謝罪したのです。

> ・「Citizen Lab」が発表した「Zoom」のセキュリティに疑問を投げかける論文
> https://citizenlab.ca/2020/04/move-fast-roll-your-own-crypto-a-quick-look-at-the-confidentiality-of-zoom-meetings/

■ 間違いを認めた「エンド・ツー・エンド」

　まず「エンド・ツー・エンド」ですが、「Zoom」の通信暗号化は、厳密な意味では「エンド・ツー・エンド」ではありません。

＊

　「Zoom」の通信を暗号化するために使われる「暗号鍵」は、Zoom 社の「鍵管理サーバ」で一括管理されています。

　つまり、純技術的な話としては、Zoom 社は自社の「鍵管理サーバ」から暗号鍵を取り出すことで、「Zoom」上の通信を"盗聴"できるわけです。

　たとえ運営者であっても、利用者以外の第三者が盗聴可能なシステムは「エンド・ツー・エンド」とは言えません。

　もちろん、Zoom 社は規約などで、「ユーザーデータに直接アクセスすることは無い」と名言しており、またもし Zoom 社がユーザーデータを"盗聴"するようなことがあれば、これは通信の秘密を侵害する違法行為です。

しかし、通信の秘密には例外があります。それは政府や司法関連機関による**「開示請求」**です。

　Zoom 社は米国の企業で、米国政府は「愛国者法」により、自国民に対しては「テロ対策」であれば、外国人に対しては実質的にはほぼ無制限に、通信傍受が可能です。

　また、Zoom 社の「鍵管理サーバ」の一部は中国に置かれており、中国政府は言うまでもなく、自国内のサーバに対してあらゆる権限を行使できます。

＊

　加えて、「Citizen Lab」のレポートによると、4 月頭時点の「Zoom」は、中国外の会議であっても中国の「鍵管理サーバ」から「暗号鍵」が発行されることがあったようです。

　Zoom 社によると、これは、「利用者急増に対応するため、2020 年 2 月に中国のサーバを増設した際に生じたミス」によるものとのこと。

　現在はすでに解決されているとのことですが、Zoom 上の通信が中国政府に筒抜けになっていた可能性があり、米国やドイツ、台湾など、多くの国の政府機関が、Zoom の利用を停止や制限をしています。

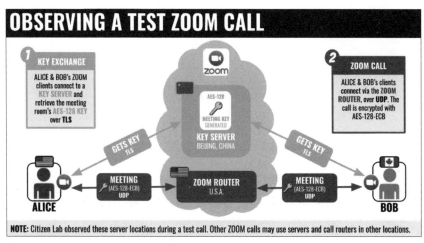

「サーバ増設時のミス」で、中国の「鍵管理サーバ」から暗号鍵が発行されるようになっていた
（「Citizen Lab」レポートより）

■ 暗号化方式にも問題あり

また、「Zoom」は「暗号化方式」にも問題がありました。

＊

「Zoom」は公式には、現在インターネットで広く利用されている「256 ビットの AES 暗号」で通信を暗号化しているため安全だと主張していました。

しかし、「Citizen Lab」のレポートによると、実際には「Zoom」上のほとんどの通信は **「128 ビットの AES」**、しかも **「ECB モード」**（Electronic CodeBook）で暗号化されていたからです。

＊

たしかに、現行のコンピュータの性能と比すれば、「AES-128」でも暗号強度は充分で、米 NIST は「AES-128」を 2030 年ごろまでは利用可能と判定しています。

ですが、Zoom 社が公式に「AES-256」と主張していた以上、これは優良誤認となります。

＊

加えて、「Zoom」の暗号化方式は、現在一般的である「CBC モード」（Cipher Block Chaining）ではなく「ECB モード」でした。

「ECB モード」は、「平文」と「暗号鍵」だけを用いて暗号化する方式で、同じ「暗号鍵」を使う場合、同じ「平文」からは常に同じ暗号文が生成されます。

そのため、「暗号化 / 復号化処理」が高速であるという利点があるものの、「CBC モード」と比べると解析 / 改ざん耐性がかなり低く、総体として見れば「Zoom」の暗号強度は、Zoom 社が主張していたよりかなり低かった、と言わざるを得ません。

第三者に会議を乗っ取られる「Zoom 爆撃」

最後に、「Zoom 爆撃」（Zoom Bombing）、つまり第三者が勝手にオンライン会議に乱入し、落書きしたり、不適切な画像を表示したり、侮辱的な書き込みや発言を行なうといった "荒らし" 行為を行なう問題です。

*

「ミーティング ID」と「パスワード」さえ入手できれば誰でも簡単に利用できるというハードルの低さは、間違いなく「Zoom」の魅力の一つです。

しかし、この参加ハードルの低さが「Zoom 爆撃」の温床となってしまいました。

YouTube に投稿された米国のとある大学を標的とした「Zoom 爆撃」

■ 荒らしが横行した「Zoom」

「Zoom」でオンライン会議に参加するために必要な情報は、少し前までは「ミーティング ID」と呼ばれるわずか 9 〜 10 桁の数列だけでした。つまり、キーボードから適当に数字を入力するだけで、どこかの会議に入れてしまう可能性があったわけです。

加えて、かつての「Zoom」はタイトルバー上に、参加しているオンライン会議の「ミーティング ID」を表示していました。

そのため、ジョンソン英首相が Twitter で「Zoom」を利用したオンライン会議の画像を投稿したところ、英国内閣の「ミーティング ID」が流出してしまったというような事件も起こりました。

*

もちろん、「Zoom」のオンライン会議には「パスワード」の設定が可能（現在は「パスワード」の設定が必須）で、「パスワード」を設定しておけば、

適当に入力した数字だけで第三者に乱入されるようなことはありません。

　しかし、会議に招待したユーザーの中に、うかつなユーザーが一人でも混じっていれば、掲示板や公開 SNS 経由でパスワードが流出してしまうことがあります。

　また、「Zoom」には「ワンクリック・リンク」と呼ばれる、URL リンクにパスワードを含めてしまう機能が搭載されていたため、「Zoom 爆撃」を防ぐのは、少し前までなかなかに難しかったのです。

■「Zoom」の設定を適切に行なえば「Zoom 爆撃」は防げる

ただし、現在では「Zoom 爆撃」への対策はかなり整っています。

　もっとも有効なのは「待機室」です。
　現在の「Zoom」では「待機室」機能がデフォルトで有効になっており、「待機室」機能を利用すれば、オンライン会議に参加するユーザーをホストが手動で選別できます。
　つまり、悪意ある第三者の乱入を容易に防ぐことができるわけです。

待機室

各出席者は待機室でホストから承認を得ると、ミーティングに参加できるようになります。待機室を有効化すると、ホストの到着前に出席者がミーティングに参加できるオプションが自動的に無効化されます。☑

待合室に入れる参加者を選択してください。

○ すべての参加者

● ゲストの参加者のみ ⑦

　☑ Allow internal participants to admit guests from the waiting room if the host is not present

[保存]　[キャンセル]

「待機室」等を適切に利用すれば「Zoom 爆撃」を防ぐのは難しくない

*

　また、「荒らし」によく利用される「画面共有」機能も、現在ではデフォルト値が「ホストのみ」に変更されており、この設定であれば万一、第三者に乱入されてしまった場合も、会議が荒らされてしまうことはありません。

「パスワードを設定する」「待機室を利用する」「画面共有機能を適切に設定する」といった基本事項をしっかり守れば、現在では「Zoom 爆撃」を防ぐのはさほど難しくなくなっていると言えます。

「Zoom」を利用するのは危険なのか？

2020 年 4 月、米政府は政府関係機関で「Zoom」を利用しないよう警告を出しており、ニューヨーク市のように学校での「Zoom」使用を禁じる自治体も出てきています。

しかし、結論から言えば、「Zoom」は間違いなく非常に有用なツールです。

＊

確かに、脆弱性が次々と見つかり、セキュリティも Zoom 社が主張するほどは高くない「Zoom」は、秘匿性が高い会議には向いていません。

「Zoom」の通信安全性の問題を指摘した「Citizen Lab」のレポートは、「スパイ活動を心配する政府機関」「サイバー犯罪や産業スパイの懸念がある企業」「患者の機密情報を扱う医療機関」「センシティブな問題を扱う活動家や弁護士、ジャーナリスト」は「Zoom」を利用すべきではないとしています。

しかし同時に、「Citizen Lab」のレポートは「Zoom」の有用性も認めており、「友人との交流」や「社内の（機密に関わらない）イベント」「他で公開予定がある講義」などでの利用は問題ないとしています。

＊

…新型コロナウイルスの流行が激化し、対面交流や外出が難しくなったというような状況下において、「Zoom」のようなサービスは極めて有用です。

ユーザー数の急増により、問題点が次々と明るみに出たのは事実ですが、これは問題点が洗い出された結果であるとも言え、Zoom 社は凄まじい勢いでサービスをアップデートさせることで、かなり誠実かつ迅速に対策を行なっています。

Case 10　オンライン会議サービス「Zoom」の落とし穴

　もちろん、「非エンド・ツー・エンド暗号化」のように現在も対応できていない問題はありますが、オンライン会議機能を備えたアプリのほとんどは、「Zoom」と同様、「非エンド・ツー・エンド」の暗号化です。

　例外はiOS/MacOSの「FaceTime」などごくわずかで、「Zoom」だけが安全性に問題があるというわけではありません。

　以前までの「Zoom」に問題があったのは事実ですが、現在の「Zoom」のセキュリティはかなり頑張っていると言え、「Zoom爆撃」のような荒らし行為も、「Zoom」の機能をしっかり理解し、適切に利用すればほぼ防げるはず。

　厳しい時期を乗り切るための有用なツールとして、しっかり役立てたいものです。

Case 11 初代 iPhone にも存在？ iOS の「0-click」脆弱性

セキュリティ面で信頼性が高いと言われる Apple 社の「iOS」ですが、2020 年 4 月、もしかしたらとんでもない被害を出し続けていたかもしれない、深刻な脆弱性が見付かりました。

「メールを送りつけるだけ」で悪用可能なゼロデイ脆弱性で、「0-click」と名付けられました。

「iOS」に危険なゼロデイ脆弱性見付かる

　2020 年 4 月 20 日、米国のセキュリティ企業 ZecOps は、「iPhone」や「iPad」などの OS である「iOS」の、長く未知のままだった恐ろしい脆弱性の情報を公開しました。

　ZecOps によって「0-click」と名付けられたこの脆弱性は、ハードルはあるものの、「メールを送りつけられるだけ」(=「0-click」) でリモートから任意コードを実行されてしまう可能性がある、極めて危険な脆弱性です。

＊

「0-click」脆弱性の発見は、偶然から始まりました。

　セキュリティ企業である「ZecOps」の主要業務は、顧客の端末やサーバの脅威や障害の調査ですが、2019 年夏、「ZecOps」の調査チームは、顧客の iPhone 上で不審なクラッシュの痕跡を発見したのです。

　当初は些細な不具合か、あるいは偶然によるものと思われたこのクラッシュでしたが、調査を始めてすぐに、事態は深刻であることが判明しました。

　このクラッシュは、「iOS」の標準メールアプリのバグを原因とするもので、ユーザーからのアクションをなんら必要とすることなく発生しており、しかも調査や研究目的のものではなかったからです。

　つまり、このクラッシュは「iOS」の未知の脆弱性を悪用した攻撃、つまり「ゼロデイ攻撃」の痕跡だったのです。

＊

　加えて、同様のクラッシュの痕跡は、「北米の Fortune 500 にランキングされている企業の社員」や「日本の通信キャリア幹部」、「ドイツの VIP」、「欧州のジャーナリスト」など、他の顧客の端末上でも次々と発見され、もっとも早い例は、2018 年 1 月の「iOS 11.2.2」まで遡りました。

　つまり、この脆弱性は少なくても 2 年半弱もの間、一般に知られることなくサイバー攻撃に利用され続けていたわけで、セキュリティ面の信頼性が高い Apple とそのユーザーにとって、大きな衝撃となりました。

「0-click」脆弱性を発見した ZecOps
(https://blog.zecops.com/)

「0-click」脆弱性の概要

　では、「0-click」脆弱性は、どういった脆弱性なのでしょうか。

■「MIME」のデータ処理に存在する脆弱性

　「0-click」脆弱性は、「iOS」の標準メールアプリの、「MIME」のデータ処理に存在するバグです。

　具体的には、「MIME ライブラリ」の「MFMutableData」の実装に、システムコールの戻り値を正しく処理できないという欠陥があり、不正なメー

ルを使ってこれを悪用すると、「Out-Of-Bounds Write」（範囲外書き込み）や「Heap Overflow」を引き起こすことが可能だったのです。

「Out-Of-Bounds Write」や「Heap Overflow」はいずれも、正規に割り当てられたメモリ領域の"外"にデータを書き込むことで、任意コードの実行を可能にする、定番のハッキング手口。

この種の攻撃が成功すれば、メールの流出や改変、最悪の場合にはデバイスを丸ごと乗っ取られる可能性すらあります。

特に、「Heap Overflow」を引き起こす手口はZecOpsによってそれ単体でリモートから実行可能と証明されており、ハードルはあるものの、「0-click」脆弱性の危険度はかなり高いと言えます。

■「0-click」脆弱性の攻撃トリガー

「0-click」脆弱性を悪用する攻撃のトリガーは、メールを利用して「mmap」、つまり仮想アドレス空間へのデータ展開を失敗させることです。

● 大容量メール

最もシンプルな方法としては、大容量メールを送りつける手口が考えられます。

大容量メールは、現実問題としては「キャリア」や「メール・サーバ」の制限によって正常に送受信できない場合が多いのですが、「iOS」の標準メールアプリ自体にはメールサイズの制限がありません。

ですから、攻撃者が「自前のメール・サーバ」を構築したり、あるいは「既存メール・サーバ」のハッキングに成功すれば、理論上は数GBもの攻撃用メールを送りつけ、「0-click」脆弱性を悪用することが可能です。

●「RTF」や「マルチパート」の仕組みを悪用

さらに、ZecOpsによれば「0-click」脆弱性の悪用には、必ずしも大容量メールが必要というわけではありません。

「リッチテキスト形式」(RTF) や「マルチパート」の仕組みを悪用すれば、メールのデータサイズをそこまで大きくしなくても、「0-click」脆弱性の悪用が可能だからです。

＊

ちなみに、ZecOps は「0-click」脆弱性を悪用する攻撃メール自体は、残念ながら発見できなかったと述べています。

その理由として ZecOps は、メール全体がダウンロードされる前に攻撃が行なわれてデバイス内に残らなかったか、あるいは攻撃者が攻撃用メールを削除した可能性を挙げています。

■「初代 iPhone」の時代から存在した脆弱性

では、「0-click」を悪用した攻撃は、「iOS」のどのバージョンが対象となり、どういった症状が出るのでしょうか。

● iOS 13

残念ながら、最新の「iOS 13」は、「0-click」脆弱性の脅威がもっとも大きい「iOS」です。

「iOS 13」の場合、「0-click」脆弱性が発動する条件は、「標準メールアプリがバックグラウンドで動作する」ことだけで、メールアプリを起動すら必要すらないからです。

加えて、攻撃中には若干の速度低下が引き起こされるものの、それ以外には目立った症状はないため、ユーザーが攻撃に気付くのは至難の業。

● iOS 12

次に、一世代前の「iOS 12」ですが、こちらも危険です。

「iOS 13」と比べれば多少マシですが、ユーザーがメールアプリを起動するだけで攻撃が発動する可能性があるからです。

ただし、「iOS 12」の場合、「0-click」脆弱性を悪用した攻撃が成功すると、

メールアプリがクラッシュします。

　加えて、メールアプリに「This message has no content.」というメッセージが残るため、ユーザーが攻撃に気付くことは可能です。

「iOS 12」ではメールアプリに「This message has no content.」という
メッセージが残るため、攻撃に気付くことは可能
（ZecOps より：https://blog.zecops.com/vulnerabilities/youve-got-0-click-mail/）

● それ以前の「iOS」

　そして、残念ながら、それ以前の「iOS」も、「0-click」脆弱性からは逃れられません。

　ZecOps は当初、「0-click」脆弱性の対象は 2012 年 9 月に登場した「iOS 6」以降としていました。

　しかし、その後の調査で、実は 2007 年に発売された初代 iPhone の「iOS 3.1.3」にも影響を及ぼすことが判明。

　「0-click」脆弱性は、実は iPhone 誕生当時、十数年前から存在していたという、衝撃の事実が明らかになりました。

Apple 社は腰が重いが、対策は急務

標的の iPhone に「メールを送りつけるだけ」で攻撃が発動し、任意コードの実行が可能で、しかも情報公開時点で対策パッチが存在しない「0-click」脆弱性は、およそ最悪と言っていい種類の脅威です。

加えて ZecOps は、「0-click」脆弱性を悪用した攻撃は、遅くとも 2018 年 1 月には始まっており、「exploit」の販売グループも発見したと述べており、緊急に修正パッチをリリースすべきだと強く警告しています。

*

ところが、Apple 社の対応はというと、実はあまり積極的ではありません。

ZecOps の発表を受けて Apple は 4 月 22 日に声明を出し、メールアプリに脆弱性が存在することを認め、近日中にリリース予定の「iOS 13.4.5」で修正すると約束しました。

しかし、「見付かった脆弱性だけで iOS のセキュリティを回避できるわけでは無い」「ユーザーに直ちに被害が出るレベルのものではない」とも主張し、すでに被害が出ているとする ZecOps に対しては、「実際に悪用された形跡は無い」と強く反論しています。

たしかに、「0-click」脆弱性の悪用は、ZecOps が発表した内容だけでは困難です。

まず大前提として、巨大メールを利用したシンプルな攻撃は、「メール・サーバ」や「キャリア」による送受信制限でブロックされる可能性が高く、現実的な脅威と言えるかには疑問の余地があります。

さらに、「RTF」や「マルチパート」といったギミックを利用した小サイズのメールによる攻撃であっても、標的デバイスを完全に掌握するには「他の脆弱性」の併用が不可欠で、「アドレス空間配置のランダム化」（ASLR）などのセキュリティを何らかの手法でバイパスする必要もあるからです。

　とは言え、「ヒープスプレー攻撃」など、「ASLR」を回避する手口はすでに存在します。

　また、ZecOps はまだ未知の脆弱性が存在し、攻撃者がそれと組み合わせて「0-click」脆弱性を悪用してきた可能性にも触れています。

　現実問題として「0-click」脆弱性がどの程度の脅威なのかを現時点で見極めるのは難しいかも知れませんが、「メールを送りつけるだけ」で実行可能であり、ユーザーが気付くことすら難しいサイバー攻撃が危険な存在であるのは間違いありません。

"Apple takes all reports of security threats seriously. We have thoroughly investigated the researcher's report and, based on the information provided, have concluded these issues do not pose an immediate risk to our users. The researcher identified three issues in Mail, but alone they are insufficient to bypass iPhone and iPad security protections, and we have found no evidence they were used against customers. These potential issues will be addressed in a software update soon. We value our collaboration with security researchers to help keep our users safe and will be crediting the researcher for their assistance."

「0-click」脆弱性に対する Apple の声明

Case 12 「コロナ接触確認アプリ」の セキュリティ面

世界中を大混乱に陥れ、猛威を振るう「コロナ・ウイルス」対策の一環として、世界各国で導入が進む「コロナ接触確認アプリ」。
日本でも 2020 年 6 月 19 日に「プレビュー版」がリリースされましたが、ここでは「コロナ接触確認アプリ」の概要と、セキュリティ面について考えます。

世界各国で導入開始。「コロナ接触確認アプリ」

日本でも 6 月 19 日、「新型コロナウイルス接触確認アプリ」（通称「COCOA」）の名称でプレビュー版「コロナ接触確認アプリ」がリリースされました。

「コロナ接触確認アプリ」は、新型コロナ感染者の情報を元に、感染者と濃厚接触の機会があったユーザーを検出。
感染の可能性があるユーザーに警告を発したり、検査などを推奨するなどの方法で、新規感染者の早期発見や感染拡大防止を目的とするアプリです。

日本の公式接触確認アプリ「COCOA」
Android 版：https://play.google.com/store/apps/details?id=jp.go.mhlw.covid19radar
iOS 版：https://apps.apple.com/jp/app/id1516764458

まずは、以下で概要を説明します。

■ どのようにして「接触」を「確認」するのか？

「コロナ接触確認アプリ」の最も重要な機能は、「新型コロナ感染者」と「濃厚接触の機会があったユーザー」を検出することです。

*

では、どのようにして「濃厚接触の機会」を確認するのでしょうか。

　導入する国やアプリ、さらにはアプリのバージョンによってその方法は異なりますが、基本的には「GPS」や「Wi-Fi」を元にした**「位置情報」**や、近距離無線通信規格**「Bluetooth」**を使って、「濃厚接触」かどうかを判定します。

● 位置情報
　「GPS」や「Wi-Fi」を元にした「位置情報」を使う方法は、シンプルです。
　「GPS」や「Wi-Fi」の測位システムを利用し、「コロナ接触確認アプリ」（をインストールしたスマートフォン）の「位置」をリアルタイムで取得。
　新型コロナ感染者（のアプリがインストールされたスマートフォン）と至近距離で一定時間を過ごしたユーザーを「濃厚接触者」と判定します。

● Bluetooth
　一方、「Bluetooth」を利用した方法は少し異なります。
　「Bluetooth」には測位機能はありませんが、近距離無線通信規格である「Bluetooth」の有効通信距離は通常10m程度であり、また信号の強度で大まかな距離が分かります。
　つまり、信号強度が強いBluetooth接続が成立する2台のスマートフォンは至近距離にあると考えられるわけで、これを利用して「濃厚接触者」の判定を行ないます。

＊

　現在では、日本を含めた多くの国が、「Exposure Notification API」に則った「コロナ接触確認アプリ」を利用しています。
　「Exposure Notification API」は、ユーザーのプライバシー保護のため、「GPS」や「Wi-Fi」を利用せず、「Bluetooth」のみで「濃厚接触判定」を行なう仕組みになっています。

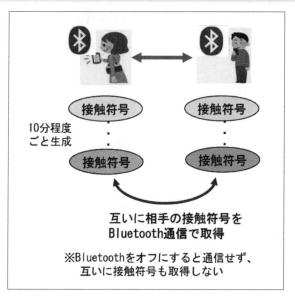

10分程度
ごと生成

接触符号 ⋮ 接触符号　　接触符号 ⋮ 接触符号

**互いに相手の接触符号を
Bluetooth通信で取得**

**※Bluetoothをオフにすると通信せず、
互いに接触符号も取得しない**

「COCOA」を含む多くのアプリは「Bluetooth」で接触判定を行う
（※厚生労働省「新型コロナウイルス接触確認アプリについて」より）

■「新型コロナ対策」につなげる仕組みは？

「コロナ接触確認アプリ」を「新型コロナ対策」につなげるには、「新型コロナ感染者」と「濃厚接触者」と判定されたユーザーに対して、何らかのリアクションをとる必要があります。

リアクションの内容は、国や地域によってさまざまです。

中国のような強固な中央集権国家では、アプリのインストール時に名前や電話番号、国民識別番号といった詳細な個人情報の入力を求められる例が多く、「濃厚接触者」と判定された場合には、情報が自動的に政府機関に送信されたり、自宅待機や保健機関への届け出が義務づけられる例が大半です。

また、韓国や台湾のような民主主義国家でも、プライバシー保護より公衆衛生を優先する国は少なくありません。

＊

一方、Apple社とGoogle社が公開した「Exposure Notification API」は、

個人情報を利用せず「ランダムに生成する鍵情報」を元に「濃厚接触判定」を行なっており、感染者となった場合の保険機関などへの情報送信にもユーザーの同意が必要という仕様になっています。

つまり、「Exposure Notification API」に「UI」を被せただけのシンプルな「コロナ接触確認アプリ」の場合は、「濃厚接触」があった場合にユーザーに通知して注意喚起を行なう程度の機能しかなく、日本はこのタイプです。

プライバシー意識が高いヨーロッパの先進国も多くは、独自設計のアプリである場合もありますが、個人情報を収集せず、濃厚感染者への注意喚起が主目的のアプリだと言えます。

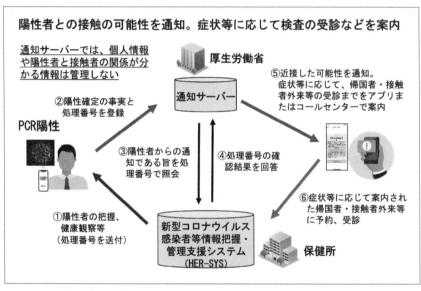

（厚生労働省「新型コロナウイルス接触確認アプリについて」より）

「コロナ接触確認アプリ」に危険はないのか？

以上を踏まえて、「コロナ接触確認アプリ」のセキュリティ面を考えてみましょう。

■ すでに多数出現！危険な「偽アプリ」

まず最初に、これは「コロナ接触確認アプリ」そのものの問題ではないのですが、多くのユーザーに利用されるアプリである以上、必ず付きものの問題があります。

「偽アプリ」や**「偽通知メール」**です。

＊

最初に確認された新型コロナアプリ関連の「偽アプリ」は、新型コロナ感染者情報の公開で有名な米ジョンズ・ホプキンス大が作った「新型コロナ感染状況マップ」に偽装したものです。

3月上旬に発見されたこのマルウェアは、新型コロナ感染状況マップの偽サイトを閲覧しようとした際にダウンロードを求められるもので、その正体はWindowsを対象とする「情報窃取マルウェア」でした。

＊

また、英国では5月、**「コロナ接触確認アプリ」**の試験運用が始まりましたが、試験運用開始からわずか一週間で、アプリからの通知に偽装した「偽メール」が大量に出回りました。

その内容は、「濃厚接触者の可能性があるので当局に届け出なさい」というもので、メールに記載されているリンク先は個人情報の**「フィッシング詐欺サイト」**でした。

＊

さらに、シンガポールでは6月、政府公式の接触確認アプリ**「TraceTogether」**とそっくりな偽アプリが複数発見されており、その正体はネット銀行のアカウント情報や端末内の個人情報を盗み出す**「トロイの木馬」**でした。

＊

そして、真偽は不明ですが、インド最大の英字新聞「The Times of India

紙」によると、「コロナ接触確認アプリ」は国家間のサイバー兵器として利用されている可能性もあります。

　インド政府は4月2日、「GPS」による測位と「Bluetooth」を併用して濃厚接触判定を行なう公式アプリ**「Aarogya Setu」**をリリースしていますが、パキスタンの情報機関「ISI」が、その偽アプリをインド軍人にバラまいていると軍に注意喚起を行なったというのです。

国家間のサイバー攻撃に使われた？インドの公式接触確認アプリ「Aarogya Setu」
（※ https://play.google.com/store/apps/details?id=nic.goi.aarogyasetu）

■ アプリ自体の設計ミス

　「コロナ接触確認アプリ」の中には、設計自体にミスが含まれていた例もあります。

＊

　たとえば、カタールの接触確認アプリ「EHTERAZ」などはその典型例です。

　登場当初の「EHTERAZ」には致命的な欠陥がありました。

　送信するデータは暗号化こそされていたものの、認証時に要求されるの

はアプリのインストール時に入力を要求されるカタールの国民識別番号「Qatari ID」だけだったため、11桁の「Qatari ID」さえ分かれば誰でも、世界のどこからでも、「EHTERAZ」が収集したカタール国民の個人情報が覗き見放題だったのです。

　この設計ミスは5月末にはバージョンアップで対策されましたが、それまでの約1ヶ月間、カタール国民の個人情報は海外からも盗み見放題だったことになります。

■ バグや脆弱性の問題

　さらに、「バグ」や「脆弱性」の問題もあります。

　「コロナ接触確認アプリ」の開発はどの国でもかなりの突貫作業だったようで、どこのアプリでも大小さまざまなバグが報告されており、これは日本の「新型コロナウイルス接触確認アプリ」（通称「COCOA」）も例外ではありません。

　「COCOA」は、Apple社とGoogle社の「Exposure Notification API」に「UI」を被せただけの比較的シンプルなアプリですが、元となったのは個人が中心のボランティア・ベースのオープンソース・プロジェクトが開発したコードで、しかも作業期間は3週間しかありませんでした。

　そのため、6月19日のリリース直後から、「Bluetoothの設定によっては再起動できない」「利用開始日が不正確」「陽性情報の送信が正常に行えない場合がある」など、次々とバグが見つかり、炎上と言っていいレベルの騒ぎとなりました。

　言うまでもない話ですが、責められるべきは元となったコードを開発したオープンソース・プロジェクトのメンバーではなく、開発を無理なスケジュールで急がせ、ろくにテストもしないまま公開した厚生労働省です。

*

　加えて脆弱性に関してはもう一つ、気になる話題があります。

それは、「Bluetooth」の危険な脆弱性「BIAS」（Bluetooth Impersonation AttackS）です。

もちろん、「BIAS」や「BlueBone」は「Bluetooth」の脆弱性であり、「コロナ接触確認アプリ」の脆弱性ではありませんが、日本の「COCOA」も含めて接触確認アプリのほとんどは「Bluetooth」の信号強度を濃厚接触判定に利用します。

である以上、「Bluetooth」の脆弱性問題は深刻です。

・新たに発見された「Bluetooth」の脆弱性「BIAS」
https://francozappa.github.io/about-bias/

■ プライバシーは大丈夫？

最後に、「**プライバシー**」の問題です。

結論から言えば、こと日本の「COCOA」に関しては、未知の脆弱性などの問題を除けば、プライバシー侵害の心配はありません。

「COCOA」が利用する Apple 社と Google 社の「Exposure Notification API」は、プライバシー保護に重点を置いて開発された API で、個人を識別可能な情報は収集されず、濃厚接触判定に利用されるデータは 15 分ごとにランダムに生成される「鍵情報」をベースに管理されます。

また、新型コロナウイルスに感染した場合の感染報告もユーザーの任意で、勝手に送信されることはないからです。

＊

加えて、「COCOA」の元となったオープンソース・プロジェクトが開発したコードは「GitHub」で公開されており、こちらも問題は見つかっていません。

「COCOA」の元となったオープンソース・プロジェクトのサイト。
リンク先の「GitHub」でソースコードが公開されている
https://lp-covid-19radarjapan.studio.design/

　ただし、海外の、特に強権的な国家ではすでに、「コロナ接触確認アプリ」が事実上、国民監視アプリとなっている例が多数存在しています。

　あっという間に急増した町中の監視カメラと同様に、新型コロナウイルスの流行と「コロナ接触確認アプリ」の普及は、政府による国民監視を正当化する契機になりかねないと懸念する声もあります。

機能していなかった4ヶ月間

　2021年2月、このアプリの根幹とも言うべき部分の驚くべき発表がありました。

　2020年9月から4ヶ月間に渡ってAndoroid版のアプリには感染の可能性を知らせる通知が届いていなかったというです。

お知らせ

▎アプリに関するこれまでの更新情報はこちら

▸ 接触確認アプリの最新版「1.2.1」を配布しています。
・古いバージョンのアプリをご利用の方は、App StoreまたはGoogle Playから「接触確認アプリ」を検索いただき、アップデートをお願いします。

このたび、Androidをお使いの方について、9月末より、アプリ利用者との接触通知が到達していないことが判明いたしました。このアプリを御利用いただいている多くの国民の皆様の信頼を損ねることになり深くお詫び申しあげます。厚生労働省としては、2月中旬までに障害を解消すべく取り組むとともに、品質管理を徹底いたします。引き続き国民の皆様に広く安心して本アプリを御利用いただけるよう、しっかり取り組んでまいります。

【障害概要】
Android端末にて本アプリをご利用の場合に、陽性登録を行った本アプリ利用者との1メートル以内15分以上の条件に該当する接触があっても接触として検知・通知を行っていないことが判明しました。本障害の解消は、2月中旬を予定しており、それまでの間、Android端末をご利用の方は、仮に陽性者との1メートル以内15分以上の接触があったとしても、本アプリで通知を受け取ることができません。なお、iOS版については本障害の影響はなく、陽性者との接触について通知を受けることが可能です。詳しくはこちらをご覧ください。

厚生労働省のアプリの不具合に関する報告
https://www.mhlw.go.jp/stf/seisakunitsuite/bunya/cocoa_00138.html

　アプリの利用者は2507万人ですが、そのうちAndroid版の利用者は772万人と全体の3割になります。

　いわゆる「第3波」到来の時期とも重なっており、この3割の利用者にとって、重要な期間にアプリは機能していなかったことになります。

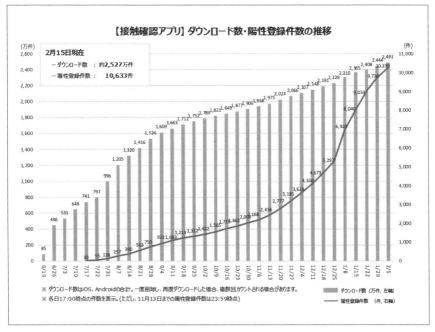

【接触確認アプリ】ダウンロード数・陽性登録件数の推移

増加の時期と重なる

*

　不具合の原因は、本来の動作では「感染者の端末が近くにあればリスクが高いと判定され、離れていればリスクは低いと判定される」というものなのですが、これが接触の度合いにかかわらず、すべて「リスクが低い」という判定を返していたためです。

*

　その間、利用者から「接触報告がない」という声や、「Android版では機能していない」という具体的な指摘は挙がっていたにもかかわらず、実際に確認し改修するまでには時間がかかりすぎたと言わざるを得ません。

　その後のアップデートで機能するようになりましたが、それでも１日１回のアプリ再起動が勧められており、安定しているとは言い難い状態です。

Case 13 億単位（？）のIoTデバイスに潜む脆弱性「Ripple20」

2020年6月、IoTデバイスに長年潜んでいた脆弱性の情報が公開されました。

「Ripple20」と名付けられたその脆弱性は、脆弱性自体も危険なものですが、より深刻なのはその影響範囲です。

数億～数十億ものデバイスに影響が及ぶとされており、今後の被害が懸念されています。

IoTを脅かす脆弱性「Ripple20」

「IoT」（Internet of Things）、日本語では「モノのインターネット」と訳されることが多い技術。

現在では、企業の生産性向上やいわゆる「働き方改革」、「スマート家電」や「スマートホーム」、さらには「自動運転車」や「遠隔医療」「スマートシティ」といった最先端技術を実現するための基盤技術として大きな注目を集めています。

しかし一方で、「拡張性」や「マシンパワー」が低く、ファームウェアのアップデートなどのセキュリティ対策が滞りがちなIoTデバイスは、以前からセキュリティの脆弱さを指摘する声が多くあります。

実際、2016年のIoTマルウェア「Mirai」による超大規模DDoS攻撃では、米Dyn社のサーバがダウンし、世界中で大手サービスが次々と停止、インターネットが7時間近くに渡って麻痺状態になるという大きな被害を出しました。

＊

そして2020年6月、IoTにまた新たに懸念材料が加わりました。

イスラエルのセキュリティ企業JSOFによって「Ripple20」と名付けられた、複数の脆弱性です。

> ・脆弱性を発見した JSOF の「Ripple20」特設サイト
> https://www.jsof-tech.com/ripple20/

数億～数十億もの IoT デバイスに影響を与える危険な脆弱性

「Ripple20」は、複数の「ゼロデイ脆弱性」を含む、計 19 の脆弱性の総称です。

しかしながら「Ripple20」はただの脆弱性ではありません。

■ 膨大な影響範囲

「Ripple20」の 19 の脆弱性の中には、「CVSS スコア」が 9 以上、すなわちもっとも深刻であることを意味する「緊急」と判定された脆弱性が 4 つも含まれており、しかもそのうち 2 つの「CVSS スコア」は「10」、つまり最大値です。

数億～数十億もの多種多様なデバイスに影響を与える可能性がある（JSOF より）

　加えて、「Ripple20」が見付かったのは、組み込み機器に多く採用されているとある軽量な「TCP/IPライブラリ」です。

　このライブラリを搭載している、つまり「Ripple20」の悪影響を受ける可能性があるデバイスの数は、JSOFによると少なく見積もっても**億単位**。

　場合によっては、数十億まで拡大する可能性すらあり、その影響はIoTの技術を壊してしまいかねないほど深刻です。

■ どのような脆弱性か

　では、「Ripple20」とはどのような脆弱性なのでしょうか。
「Ripple20」の情報は6月に公開されました。

　「CVSSスコア」が9以上の4つの脆弱性の概要は、以下の通りです。

● **CVE-2020-11896（CVSSスコア：10）**
　「IPv4トンネリング」をサポートするデバイスの場合、不正な「IPv4パケット」を送信することで、リモートから任意のコードを実行できる可能性がある。

● **CVE-2020-11897（CVSSスコア：10）**
　「IPv6」をサポートするデバイスの場合、不正な「IPv6パケット」を送信することで「Out of Bounds」（境界外書き込み）を引き起こし、リモートから任意のコードを実行できる可能性がある。

● **CVE-2020-11898（CVSSスコア：9.1）**
　「IPv4/ICMPv4」の長さパラメータのエラーが適切に処理されず、情報漏洩が起こる可能性がある。

● **CVE-2020-11901（CVSSスコア：9）**
　「DNS」をサポートするデバイスの場合、不正なDNSリクエストを送信することで、リモートから任意のコードを実行できる可能性がある。

なお、送信する不正な DNS リクエストは RFC にほぼ準拠しているため、ファイアウォールその他のセキュリティで検出するのは難しい。

● その他の脆弱性

CVE-2020-11899	CVSS スコア：5.4
CVE-2020-11900	CVSS スコア：8.2
CVE-2020-11902	CVSS スコア：7.3
CVE-2020-11903	CVSS スコア：5.3
CVE-2020-11904	CVSS スコア：5.6
CVE-2020-11905	CVSS スコア：5.3
CVE-2020-11906	CVSS スコア：5
CVE-2020-11907	CVSS スコア：5
CVE-2020-11908	CVSS スコア：3.1
CVE-2020-11909	CVSS スコア：3.7
CVE-2020-11910	CVSS スコア：3.7
CVE-2020-11911	CVSS スコア：3.7
CVE-2020-11912	CVSS スコア：3.7
CVE-2020-11913	CVSS スコア：3.7
CVE-2020-11914	CVSS スコア：3.1

　ちなみに、「Ripple20」の情報を公開した JSOF は、「CVSS スコア」こそ 4 つの中でいちばん低くなっています。

　しかし、**「DNS キャッシュ・ポイズニング」** などの手法を使えばネットワーク外部から簡単にデバイスを乗っ取れるとの理由で、19 の脆弱性の中で「CVE-2020-11901」を最も危険視してます。

サプライチェーンの陰に埋もれる「Ripple20」

　このように、「Ripple20」はその内容も充分以上に危険な脆弱性ですが、もっとも厄介な点は、複雑な **「サプライチェーン」** に埋もれ、紛れる形で脆弱性が拡大したため、その対策が極めて難しいことにあります。

■ Treck TCP/IP Stack

　「Ripple20」が見付かったのは、米国のオハイオ州シンシナティに拠点を置く Treck 社が開発、販売する組み込みシステム向けの TCP/IP ライブラリ、「Treck TCP/IP Stack」です。

　「Treck TCP/IP Stack」は、その名が示す通り、インターネットや LAN に接続して、「TCP/IP 通信」を行なうために必要な複数のプログラムをセットにした組み込みシステム用ミドルウェアで、Treck 社はこれを 1997 年に発表。

　その後 20 年以上たった現在でも、「Treck TCP/IP Stack」は Treck 社の主力商品であり続けています。

Treck 社のオフィシャルサイト
(https://treck.com/)

加えて、Treck 社は実は日本とも関わりがある企業です。

　横浜市に図研エルミックという情報・通信系の東証二部上場企業がありますが、図研エルミック社はまだエルミックシステムという社名だった 1998年、Treck 社とパートナーシップ関係を締結。

　「Treck TCP/IP Stack」を「KASAGO IPv4」「KASAGO IPv6」の名で販売し、その後両社は袂を分かったようですが、「KASAGO」シリーズもやはり、今に至るまで図研エルミック社の主力商品であり続けています。

図研エルミック社のオフィシャルサイト
(https://www.elwsc.co.jp/)

■ 難しい脆弱性対策

　そして、20 余年。

　高速かつ軽量で、使い勝手の良い組み込み機器用ミドルウェアである「Treck TCP/IP Stack」と「KASAGO」シリーズは、多くの企業に採用されるロングセラー商品となり、そのままの形で、あるいは用途に合わせてカスタマイズされた上で、さまざまな機器に搭載されてきました。

　加えて、企業の中には購入した「Treck TCP/IP Stack」や「KASAGO」

シリーズをリブランディングしたり、ソースコードを流用して自社ソフトを開発する例も少なくありません。

その結果、「Treck TCP/IP Stack」と「KASAGO」シリーズは、今やどの製品に搭載され、どの程度広く利用されているのかすら把握が困難な状況となってしまいました。

＊

「サプライチェーン」に紛れる形で利用が広がった「Treck TCP/IP Stack」と「KASAGO」シリーズですが、これは脆弱性対策という観点からは非常に恐ろしいことです。

多くの脆弱性は、対象となる機器やソフトが限定されるため、対象製品に合わせた形で修正パッチをリリースし、利用者に注意喚起を行なうことで対策が可能です。

それに対して「Ripple20」は、修正パッチをリリースしても、機器の性能やカスタマイズ状況次第で利用できないことがあります。

そもそも、脆弱性が存在する製品の絞り込みが難しいため、利用者に脆弱性の存在を気づいてもらうこと自体が難しいからです。

IoTは有用な技術だが、ネット接続にはリスクも

「Ripple20」はIoT機器に対して、リモートから任意のコードを実行できる脆弱性です。

FSOFによると「Ripple20」の悪用により、プリンタからデータを盗み出す、輸液ポンプの動作を狂わせる、産業用制御装置を暴走させる…といったことが可能。

現状でも、企業の機密性の高い情報の漏洩や、病院や工場設備の暴走など、かなりの被害が出る可能性があります。

加えて、「Ripple20」の脅威は長期化する可能性が高いです。

　そもそも IoT デバイスのライフサイクルは短くないですし、「Ripple20」の影響を受けるデバイスはその絞り込みすら容易ではなく、対策はなかなか進まないと考えられるからです。

■ 修正パッチ

　幸い、Treck 社、図研エルミック社ともにすでに修正パッチをリリースしており、「Treck TCP/IP Stack」は 2020 年 3 月 30 日にリリースされた「Ver.6.0.1.66」以降であれば、「KASAGO」シリーズも最新バージョンである「Ver.6.0.1.33」にバージョンアップした上で修正パッチを適用すれば、「Ripple20」を悪用されることはなくなります。

　今後登場する新製品も、真っ当なメーカーであれば最新ファームウェアを搭載するはずですから、「Ripple20」に怯える必要はないでしょう。

＊

　とはいえ、「IoT デバイス」と「ミドルウェア」は切っても切れない関係にあり、今後も「Ripple20」と同種の脆弱性が発見される可能性は否定できません。

■ 便利と危険は表裏一体

　IoT が高い潜在力を秘めた優れた技術であることは間違いありませんが、「便利」と「危険」は表裏一体です。

　きちんとした理由や目的がある IoT 化はもちろん有用ですが、何でもかんでもインターネットにつなげばいい、といった安易な風潮には、ある程度の警戒心をもって望んだほうがいいかもしれません。

Case 14 主犯は17才の少年！世界を驚かせた 大規模「Twitter アカウント乗っ取り事件」

2020年7月、著名人や著名企業の公式 Twitter アカウントが一斉に「ビットコイン詐欺メッセージ」を発信するという、前代未聞の事件が起こりました。

世界中で大騒ぎとなったこの事件を引き起こしたのは、なんと17歳の少年。

本稿では、この事件の詳細と裏側を説明します。

元大統領や大手企業がビットコイン詐欺！？

2020年7月16日、複数の Twitter アカウントが奇妙なメッセージを一斉に発信しました。

その内容は、いわゆる「仮想通貨」業界が「新型コロナウイルス」による被害緩和のため、「5,000 BTC（約50億円）を還元する」、あるいは、「ビットコインを倍返しする」という、かなり怪しいものだったのですが、メッセージの発信者が大問題でした。

なぜなら、Bitcoin 社や Binance 社、Coinbase 社といった仮想通貨大手企業や、前米大統領のバラク・オバマ氏、前米副大統領にして民主党大統領候補ジョー・バイデン氏、Amazon のジェフ・ベゾス氏、Microsoft のビル・ゲイツ氏、テスラのイーロン・マスク氏、といったそうそうたる面々の公式アカウントが発信元だったからです。

インターネット上は一時騒然となり、わずか数日で約13 BTC、日本円にして1,300万円近くが送金されてしまいました。

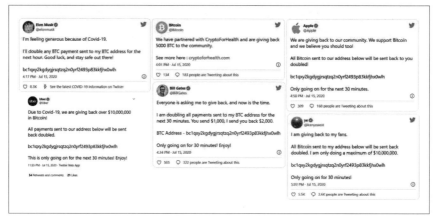

著名人や著名企業の公式 Twitter アカウントが発信した
ビットコイン詐欺メッセージ（犯人の訴状より）
https://www.justice.gov/usao-ndca/press-release/file/1300126/download の p9

*

　言うまでもなく、これは詐欺でした。

　振込先として指定されていたビットコイン口座は、複数回に分けて小刻み
に出金が繰り返された結果、あっという間に空になり、もちろん "還元" や
"倍返し" が行なわれることはありませんでした。

*

　なお、Forbes 誌によると、被害が "この程度" ですんだのは、仮想通貨
取引所の迅速な対応があったおかげで、たとえば Coinbase 社は詐欺ツイー
トが行なわれたわずか一分後に該当アカウントへの送信をブロック。

　「30.4 BTC」（約 3 千万円）もの送金を阻止することに成功しました。

　他の取引所も同様の措置を講じており、これらの対応が失敗していたなら
ば、被害は数倍〜数十倍にも拡大していた可能性があります。

*

　この詐欺事件は、手口としては非常に単純で、通常であれば誰も騙される
ことが無いような稚拙なものです。

　しかし、著名企業や著名人の公式アカウントから発信されたことで、予想
以上に大きな被害が出てしまいました。

　では何故、このようなことが起こってしまったのでしょうか。

社内専用ツールを悪用した今までにない手口

著名企業や著名人の公式アカウントからこのような詐欺メッセージがツイートされた理由はたった一つ、「アカウントの乗っ取り」です。

残念ながらTwitterでは、アカウント乗っ取り被害はさほど珍しくなく、これまでも多くのユーザーが犠牲になってきました。

ただし、その多くはパスワードの使い回しなどによるアカウント情報の漏洩や、不正なアプリやサービスに「アプリ連携」や「アクセス許可」をOKしてしまうなど、主にユーザー側のミスによるものでした。

ですが、今回の事件は被害者のミスではなく、ハッキングによる一方的なアカウント乗っ取り事件であり、これはかなり珍しい例です。

■ Twitter社員の認証情報を入手

では、どのようにして犯人は、多くの公式アカウントの乗っ取りを可能にしたのでしょうか。

幸いなことにこの事件では、犯行の手口の詳細が明らかになっています。

＊

犯人はまず、「ソーシャル・エンジニアリング」の手法を使って、複数のTwitter社員の認証情報を入手しました。

利用したのは、なんと電話で、身分を偽ってTwitter社員に直接電話をかけ、巧みな話術で彼らの認証情報を入手することに成功したようです。

＊

次に犯人は、入手したTwitter社員の認証情報を利用して、Twitter社内のシステムに侵入しました。

そして、Twitter社内からのみアクセス可能な「アカウントサポート・ツール」にアクセス可能な社員を割り出し、社内のSlackチャンネルなどから、その認証情報の奪取に成功してしまいました。

■ アカウントサポート・ツール

ちなみに、「アカウントサポート・ツール」とは、Twitter 社がユーザーのアカウントを管理するための社内用ツールです。

「パスワード」に関しては、暗号化されているためこのツールでも見ることができませんが、それ以外の情報、たとえばユーザーが登録している電話番号やメール・アドレスなどはすべて表示可能。

加えて、「パスワードのリセット」や「アカウントのロック」「アカウント削除」など、ユーザーのアカウントに対してありとあらゆる操作が可能です。

つまり、「アカウントサポート・ツール」のハッキングに成功すれば、任意の Twitter アカウントに対してやりたい放題できるわけです。

今回の事件で、詐欺メッセージを発信したアカウントはどれも、「アカウントサポート・ツール」を使ってパスワードをリセットして乗っ取られていました。

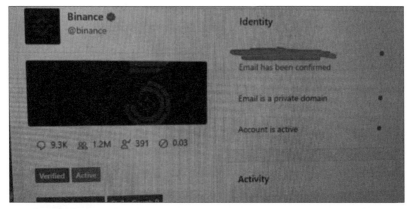

犯人によって投稿された「アカウントサポート・ツール」のスクリーンショット（VICE より）
https://www.vice.com/en_us/article/jgxd3d/twitter-insider-access-panel-account-hacks-biden-uber-bezos

なお、Twitter社の調査によると、攻撃の対象となったアカウントは全部で130件で、うち45アカウントでパスワードがリセットされた後、詐欺ツイートが行なわれていました。

加えて、36アカウントで「ダイレクト・メッセージ」の受信箱へのアクセスが確認されており、また7アカウントでは「Twitterデータ」（DM、アドレス帳、位置情報履歴、各種統計情報等をまとめたデータ）をダウンロードした形跡が確認されています。

わずか2週間のスピード解決となった17歳の犯行

大騒ぎとなった大規模Twitterアカウント乗っ取り事件ですが、その後、事態は急展開しました。

＊

事件発生からわずか2週間後の7月31日、米司法省が、事件の関係者として3人の男性を起訴したのです。

ちなみに、彼らはチャット・VoIPアプリ「Discord」でコミュニケーションを取っており、「Discord」上のハンドルネームは、米フロリダ州在住の17歳少年が「Kirk#5270」、英ウェストサセックス県在住の19歳男性が「ever so anxious#0001」、米フロリダ州在住の22歳男性が「Rolex#0373」です。

そして、事件の主犯はなんと、3人の中で最年少の17歳少年、「Kirk」でした。

■ 盗難アカウント売買

ではなぜ、これほど大きな騒ぎとなった事件が、これほどのスピード解決を迎えられたのでしょうか。

最大の理由は、ネット犯罪者たちの間で"仲間割れ"のような状況が起こっていたこと。そして、犯人たちの脇が意外なほど甘かったことにあります。

＊

　この事件は、著名企業や著名人の公式アカウントを悪用した「ビットコイン詐欺メッセージ」で広く知られるようになりましたが、実はもともとは、「@6」や「@y」「@dark」といった、Twitter黎明期にしか取得できなかった"目立つ"アカウントの売買を目的としていました。

　この種のアカウントは、特にディープなネットユーザーの間で人気が高く、高値で取引されるからです。

＊

　Twitterの社内用ツール「アカウントサポート・ツール」をハッキングした「Kirk」は、まず「Discord」で複数のユーザーに「盗んだTwitterアカウント売買の仲介」を打診しました。

　そしてそれに応じたのが、「ever so anxious」や「Rolex」を含む数人の"仲介人"で、「ever so anxious」と「Rolex」はどちらも、アングラ界のデジタルマーケットであり、盗難アカウントの一大市場である「OGUsers.com」上で有名な人物でした。

＊

　「Kirk」の"商売"は当初、かなりうまくいったようです。

　「Kirk」は実は、7月に「Discord」のアカウントを作成したばかりの無名のハッカーでしたが、実際に"売買"が可能であることの証拠として「アカウントサポート・ツール」のスクリーンショットを投稿したことで購入希望者が殺到。

　「ever so anxious」は自身も長く求めていた「@anxious」を購入しており（現在はTwitter社により凍結）、「lol」というやはり「OGUsers.com」上で有名な"仲介人"は「@y」を1,500ドルで仲介しました。

　その他にも、名を知られている複数のハッカーが「Kirk」から盗難アカウントを"購入"したようで、アカウントの販売価格はたちまち吊り上がっていきました。

＊

　しかし7月16日、著名企業や著名人の公式アカウントを乗っ取って行なわれたビットコイン詐欺ツイートによって、事態は一変します。

　それまでは、言わばこっそり仲間内だけで行なわれていた「盗難アカウン

ト売買」は、あっという間に世界レベルの大事件となり、盗難アカウントを（これだけでも充分違法行為ですが）「買っただけ」「仲介しただけ」と考えていた一部ユーザーは浮き足立ちました。

＊

その結果、「ever so anxious」と「lol」は、ビットコイン詐欺ツイートとは無関係であることを証明したいとの理由で New York Times 紙の取材に応じ、「Kirk」とのやり取りをすべて、「Discord」や「ビットコイン・ウォレット」のログ込みで提供。

事件の全貌が明らかになりました。

当局の捜査を助けたアングラ界での勢力争い

多数の著名企業や著名人を巻き込んだ大規模詐欺事件に、捜査当局も全力を挙げました。

＊

今回の事件の捜査は、大きく分けると2つの方向から行なわれたようです。

■ Discord

まず1つは、主犯である「Kirk」と"仲介人"たちのやり取りに使われた「Discord」です。

捜査当局は事件の翌日には令状を取り、Discord 社からログを入手。

「アカウントサポート・ツール」のスクリーンショットを投稿し、盗難アカウント売買を主導していることから「Kirk」を主犯と断定し、チャット内でのやり取りから「ever so anxious」と「Rolex」を関係者として特定しました。

＊

なお、New York Times 紙によれば「lol」も「Discord」上で「Kirk」とやり取りしており、盗難アカウント売買の仲介も行なっていたはずですが、「lol」は8月現在、起訴を免れています。

理由は分かりませんが、起訴された3人の訴状に「lol」のハンドル名が

何度も出てくるので、情報提供と引き替えになんらかの司法取引があったのかもしれません。

■ OGUsers.com

2つ目は、違法アカウント売買の舞台となった「OGUsers.com」です。

*

「OGUsers.com」はアングラサイトであるため、通常であれば裁判所の令状をもってしてもログの入手は困難です。

しかしながら、幸い（?）なことに「OGUsers.com」は、2019年5月と2020年4月、二度に渡ってライバルサイトからの攻撃を受けてログデータを大量に漏洩させてしまっており、漏洩したデータは現在もライバルサイトからダウンロード可能な状態になっていました。

そこで、FBIはこれを入手し、解析。

「Discord」のログと付き合わせることで犯人たちの「IPアドレス」や「メール・アドレス」「ビットコイン・ウォレット」などを特定していきました。

つまり、アングラ界での仁義なき勢力争いが、期せずして捜査当局を助ける形になったわけです。

*

そして最後に、複数の仮想通貨取引所に情報開示請求を行ない、犯人たちの個人情報を特定。

わずか2週間のスピード逮捕となりました。

なお、今回の事件で起訴された3人はいずれも、仮想通貨取引所のアカウントを本人の運転免許証などで作成しています。

17歳〜20台前半の個人が引き起こした事件と考えれば無理もありませんが、社会に与えた影響の大きさと比べると、自身の身元隠しはずいぶんとお粗末だったようです。

～「ドコモ口座」他を悪用した「銀行預金不正出金事件」～

> 2020年9月、「ドコモ口座」からはじまった銀行預金不正出金事件は、多くの銀行と決済事業者を巻き込む驚くべき事件へと発展。

見知らぬ決済サービスで預金が勝手に引き出される！

　2020年9月、日本の決済システムの根幹を揺るがす大事件が発覚しました。

　NTTドコモの電子決済サービス「ドコモ口座」からはじまり、やがて「ゆうちょ銀行」その他、多くの銀行と電子決済サービスを巻き込む大事件となった、「銀行預金不正出金事件」です。

＊

　まずは事件発覚の経緯から説明します。

悪用された電子決済サービス「ドコモ口座」
(https://docomokouza.jp/)

＊

　この事件が最初に話題となったのは、やはりSNSでした。

　9月頭に突然、Twitterなどで、見覚えのない「ドコモコウザ」名義で銀行預金が勝手に引き出されたという書き込みが相次ぎ、騒ぎになったのです。

　そして、9月4日には「七十七銀行」が、「ドコモ口座」を悪用した自行口座からの不正出金事件を認めて、「ドコモ口座」との連携と、「ドコモ口座」との連携に利用されていた自行の「Web口座振替」サービス停止を発表。

　8日には「NTTドコモ」もこれを認めて多くのメディアが取り上げるようになり、日本中が大騒ぎとなりました。

<「ドコモ口座」を悪用した不正出金事件が確認された11行>

・七十七銀行
・大垣共立銀行
・中国銀行
・東邦銀行
・鳥取銀行
・滋賀銀行
・紀陽銀行
・みちのく銀行
・第三銀行
・ゆうちょ銀行
・イオン銀行

（※NHKより）

■「ドコモ口座」以外も

　加えて、この事件は「ドコモ口座」だけでは終わりませんでした。

＊

　9月15日、総務大臣が閣議後の記者会見で、「ドコモ口座」以外にも6つの事業者が、同種の不正出金手口に悪用されたと発言。

　直後に「ゆうちょ銀行」もこれを認め、「Web口座振替」との連携時に「2要素認証」を導入していないとの理由でこれらの電子決済サービスへの出金を停止したと発表。

　「ドコモ口座」から始まった不正出金事件は日本中の銀行や電子決済サービス事業者を巻き込む大事件に発展してしまいました。

悪用された「Web 口座振替」サービス

　では、これほど大量の不正出金事件は、どのような手口で行われたのでしょうか。

＊

　狙われたのは、多くの銀行が提供している **「Web 口座振替」** と呼ばれるサービスです。

　「Web 口座振替」は、公共料金やクレジットカードの自動引き落としなどに利用されている「口座振替」のインターネット版サービスです。

　公共料金などの「口座振替」は、通常、利用者が口座振替依頼書に必要事項を記入してサービス提供者（または委託業者）に送付し、サービス提供者が金融機関に申請し、金融機関が承認することで成立します。

　それに対して「Web 口座振替」は、「申請書の記入→送付→申請→承認」の流れをすべてオンラインで行なうサービスで、それゆえに「"Web" 口座振替」と呼ばれます。

■ 事件の手口

　今回の事件の手口は、実は非常にシンプルです。

＊

① 攻撃者はまず、犠牲者の銀行口座の情報をなんらかの方法、おそらくは「ハッキング」や「フィッシング詐欺」あるいは「ダークウェブでのアカウント売買」を利用して入手します。

② 次に攻撃者は、「ドコモ口座」など悪用しやすい電子決済サービスのアカウントを、犠牲者の銀行口座情報を使って作ります。

> ※ なお、このアカウントは、名前や生年月日等こそ犠牲者のものですが、攻撃者が「パスワード」や「メール・アドレス」は攻撃者が設定するため、犠牲者に確認メールが送られたり、犠牲者の承認を必要とするようなことはありません。

③ そして最後に、作成した攻撃者の電子決済アカウントに、「Web口座振替」
を悪用して犠牲者の銀行口座を登録します。

＊

　以上で攻撃者は「チャージ」や「入金」の形で、いつでも自由に犠牲者の
銀行口座から攻撃者の電子決済アカウントにお金を移せる、つまり不正出金
できるようになるというわけです。

■「口座をもっているだけ」で被害に

　以上の手口から分かるように、今回の事件のもっとも恐ろしい点は、特定
の条件に合致する銀行に「口座をもっているだけ」で被害に遭う可能性があ
ることです。

　この事件では、最初に被害が確認された「ドコモ口座」がまず槍玉に挙げ
られましたが、「ドコモ口座」を悪用した不正出金被害に遭ったのは、実は
「ドコモ口座」を"利用していない"ユーザーだけでした※。

> ※ 正確には、「ドコモ口座」と紐付けられていない銀行口座だけが被害に遭
> う可能性がある。

　なぜなら、「ドコモ口座」には銀行口座を一つしか紐付けられないからで、
**電子決済サービスを利用していないユーザーだけが電子決済サービスを悪用
した攻撃の標的になる**という恐ろしい結果になってしまいました。

驚くほど貧弱だった「Web口座振替」のセキュリティ

　では、いったいなぜこんな事件が起こってしまったのでしょうか。
　最大の原因は、特定の銀行や決済事業者の不手際ではなく、「Web口座振
替」というサービス自体のセキュリティが、はっきり言ってしまえば時代遅
れのまま放置され続けてきたことにあります。

■ ネット銀行のセキュリティ

　ネット銀行を利用するには、まず「ID」と「パスワード」によるログインが必要です。

　加えて、現在のネット銀行では、特に「送金」や「利用限度額変更」と言った重要手続きを行なう際には、「SMS送信」や「スマートフォンアプリ」「ドングル」「乱数表」といった、なんらかの手段で「ワンタイム・パスワード」を要求されるのが一般的。

　「フィッシング詐欺」や「ウイルス」などによる不正出金被害はあるものの、おおむね及第点と言えるセキュリティが実現されています。

■「Web口座振替」のセキュリティ

　それに対して、多くの銀行の「Web口座振替」のセキュリティは、実は驚くほど貧弱です。

　「Web口座振替」は「口座振替」をそのままインターネットに転用したようなサービスですが、インターネット経由で利用しやすいよう、書面の「口座振替依頼書」で必要になる「銀行印」は省略されるのが普通です。

　つまり、紙の申請書と比べると、「銀行印」による「所有物認証」がないぶん、セキュリティがかなり落ちます。

　加えて、利用者の使い勝手を重視するあまり、「住所」や「電話番号」の入力すら不要な銀行が多く、この種の銀行の場合、「支店名」「口座番号」「口座名義」の3つは「振込先」として他人に教えることがある情報ですから、秘匿情報と言えるのは、わずか数字4桁の「キャッシュカード暗証番号」だけとなります。

　これは、黎明期のネット銀行と比べてすら、相当ひどいセキュリティ・レベルです。

電子決済サービスの“甘い”スタンス

　一方、不正出金の“出口”となる「電子決済サービス」のセキュリティも、問題がある例が少なくありません。

　中でも、今回の事件で槍玉に挙げられた「ドコモ口座」のセキュリティは、かなり問題あったと言わざるを得ません。

＊

　「ドコモ口座」は、NTTドコモの「dアカウント」に紐付けられた電子決済サービスで、そのルーツは2009年に「iモード」のサービスとして始まった「ドコモケータイ送金」にまで遡ります。

　ちなみに「ドコモケータイ送金」で金銭をやり取りできるのは、本人確認がしっかり行なわれるドコモ回線利用者だけだったので、「ドコモケータイ送金」にはセキュリティ面の問題は特にありませんでした。

■ セキュリティの低下

　しかしNTTドコモの電子決済サービスはその後、徐々にセキュリティを低下させていきます。

　2013年、当時は「docomo ID」と呼ばれていた「dアカウント」は、さらなる顧客獲得のため「キャリアフリー化」を開始。

　NTTドコモの回線利用者以外もアカウントが取得可能になりました。

＊

　そして、当初はドコモ回線利用者とキャリアフリーで分かれていた利用規約も2015年、「dアカウント」への名称変更とともに一本化され、電話番号登録不要、本人確認なしの「dアカウント」は、やがてフリーのメール・アドレスだけで取得できるお手軽なアカウントになっていきました。

＊

　2019年9月末、NTTドコモはついに「ドコモ口座」をキャリアフリーのアカウントにも開放。

　電話番号登録なし、本人確認なし、フリーのメール・アドレスだけで取得可能な「dアカウント」で「ドコモ口座」が利用可能になり、今回の悪夢の

前準備が整ってしまいました。

　もちろん、「Web 口座振替」の認証システムが充分に強固であったなら、セキュリティに問題がある電子決済サービスを悪用しても、今回のような不正出金事件は起こせません。

　しかしながら、「匿名性の高いデジタルウォレット」が犯罪にもってこいの道具であることはビットコインなどの暗号資産（仮想通貨）の現状を鑑みれば明らかで、電子決済サービス側にも責任の一端があると言わざるを得ません。

醜態を晒した金融業界と決済事業者

　今回の事件は「特定の銀行に口座を開いているだけ」で被害に遭いかねないという恐るべき事件ですが、それ以上に、残念ながら銀行や決済事業者にがっかりさせられることが多い事件でもありました。

■ NTT ドコモ

　「ドコモ口座」を悪用した不正出金被害は、その大半が 2020 年 8 月～ 9 月に集中していますが、実は 2019 年春ごろにも数件、「みずほ銀行」や「りそな銀行」といったメガバンクを標的にした事例が確認されています。

　ですが、この時標的となった「みずほ銀行」が「NTT ドコモ」に対して「本人確認の徹底を求めた」（※週刊文春による）にもかかわらず、「NTT ドコモ」が行なったのはまったく逆、「ドコモ口座」のキャリアフリー化でした。

　ちなみに、当時の「ドコモ口座」は、「口座名義」が不一致であっても「Web 口座振替」を悪用した出金が可能というとんでもない"仕様"だったらしく、NTT ドコモはこれを理由に「今回の一連の事件とは性格が異なる」と弁明していますが、であれば、より一層、サービスの見直しに力を入れるべきだったでしょう。

■ ウェルネット

　また、電子決済サービスでは「ドコモ口座」に次ぐ 35 口座 269 万 6440 円の被害が判明しているウェルネット「支払秘書」を巡っては、2019 年 8 月に被害に遭った女性の生々しい取材記事を朝日新聞が掲載しています。

　それによると、女性の訴えに対し、ウェルネットは、「対応できない」「返金対象外」とつっぱねるばかりでまったく取り合わず、なんら対策を講じなかったようです。

■ ゆうちょ銀行

　また、不正に預金を引き出されたのは「ゆうちょ銀行」の口座でしたが、「ゆうちょ銀行」も被害女性のキャッシュカードを停止しただけで、とりつく島もない対応だった模様。

　一連の事件を受けて、被害女性が再度ゆうちょ銀行に連絡したことで、ようやく補償その他に関する前向きな回答が返ってきたとのことです。

＊

　そして、銀行、決済事業者ともに情報公開には及び腰で、銀行では最大の被害が出たゆうちょ銀行に至っては、被害の概要を発表したのが総務大臣の記者会見後というていたらく。

　銀行、決済事業者ともに、判で押したように「自行 / 自社からの情報漏洩は無い」「セキュリティは相手側の責任」「被害の詳細は相手側に聞いてくれ」と責任を押しつけあうばかりで、被害の全貌解明と対策が終わるには少々時間がかかってしまうかもしれません。

Case 16 「SolarWinds Orion」を悪用した 史上最悪の「サプライチェーン攻撃」

> 2020年12月、米セキュリティ企業「FireEye」が、驚くべきサイバー攻撃を明らかにしました。
> 9ヶ月もの間、多数の著名企業や政府組織が、隠密性の高いサイバー攻撃に晒され続けていたというのです。
> 本稿では史上最悪規模とも言われるこの「大規模サプライチェーン攻撃」について説明します。

米セキュリティ企業「FireEye」、サイバー攻撃で 内部ツールを盗まれる

2020年12月8日、米国の著名なサイバーセキュリティ企業であり、またこれまで数々のサイバー攻撃レポートを発表してきた「FireEye」が、とある情報を公開しました。

なんと、**世界屈指のサイバーセキュリティ企業であるはずの「FireEye」自身が、強力なサイバー攻撃の被害に遭い**、自社の内部ツールを盗まれたというのです。

*

「FireEye」によると、その攻撃は、政府の支援を受けていると思われる強力なサイバー攻撃グループによる、過去に類を見ないほど高度なもの。

標的となったのは、「FireEye」が顧客のセキュリティ診断を行なう際、攻撃側を担当する「Red Team」が使う**模擬攻撃ツール群**でした。

つまり、実害こそ出ないものの、実際にサイバー攻撃に利用可能なツール群が盗まれてしまったわけです。

サイバー攻撃を受け、内部ツールを流出させてしまった「FireEye」
(https://www.fireeye.com/)

＊

　ちなみに、「サイバー攻撃ツールの流出」と言われれば、2016年8月に流出が確認され、2017年5月には実際にランサムウェア「WannaCry」に悪用された「EternalBlue」その他の米NSA製エクスプロイトの悪夢が否応なく思い出されます。

　ですが、「Red Team」のツール群の危険性は、さすがにそこまでではありません。

　「EternalBlue」や「DoublePulsar」とは違い、「Red Team」のツールには「ゼロデイ・エクスプロイト」、つまり未知の脆弱性を悪用するものは含まれておらず、その大半は「Commando VM」の名で「オープンソース」として公開されているものだからです。

　とはいえ、「Red Team」のツール群が危険な脆弱性を攻撃可能な、サイバー攻撃者にとって有用性が高いツール群であることは間違いありません。

＊

　「FireEye」は「Red Team」のツール群流出について、「既知のツールが大半なのでサイバー攻撃のレベルを上げることにはならない」と説明しています。

しかし、サイバー攻撃のハードルを下げてしまう可能性は否定できず、重大事案だったと言わざるを得ません。

オープンソースで公開されているペネトレーション・ツール「Commando VM」
(https://github.com/fireeye/commando-vm)

9ヶ月間も隠れ続けた凶悪なサプライチェーン攻撃

著名なセキュリティ企業がサイバー攻撃の被害に遭い、自社の攻撃ツールが盗まれた。

これだけでもかなり大きなセキュリティ・ニュースなのですが、残念ながらこの事件は、これだけでは終わりませんでした。

2020年12月13日、FireEyeがとんでもない続報を発信したからです。

*

「FireEye」によると、なんとこの攻撃は、「FireEye」だけを標的にしたものではなく、**多くの企業、さらには商務省の「電気通信情報局（NTIA）」や「財務省」「国立衛生研究所（NIH）」「国土安全保障省（DHS）」「国務省」など、米国の政府機関**までをも巻き込む、非常に大規模なものでした。

加えて、同種の攻撃が最初に行なわれたのは昨年3月。つまり、9ヶ月もの間、誰にも気づかれることなく続いていた史上最悪規模のサイバー攻撃キャンペーンだったのです。

*

では、この攻撃の犯人グループはどのようにしてこれほどの規模のサイバー攻撃を、これほど長く継続できたのでしょうか。

キーワードは**「サプライチェーン攻撃」**です。

■「サプライチェーン侵害」による大規模サイバー攻撃

今回の事件が明るみに出る端緒となったのは「FireEye」へのサイバー攻撃ですが、この攻撃は実は、「FireEye」自体を直接狙ったものではありません。

実際に狙われたのは、米国のソフトウェア開発会社「SolarWinds」の ITインフラストラクチャ管理ツール**「Orion」（オライオン）**です。

*

SolarWinds 社は、日本を含む世界 190 カ国で 30 万人超の顧客を抱えるソフトウェア開発会社で、その顧客リストには「Fortune 500」に名を連ねる企業の 4/5、さらには多くの米政府機関が含まれています。

つまり、「Orion」は多くの企業や機関にとって、**IT システム管理の基本ソフト**であるわけです。

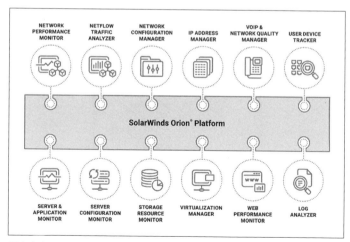

狙われた SolarWinds 社の IT インフラストラクチャ管理ツール「Orion」
(https://www.solarwinds.com/ja/orion-platform)

　そして当然、「Orion」は機能向上やバグフィックスのため、これまで何度もオンライン・アップデートを繰り返しているのですが、ここに落とし穴がありました。

　実は、昨年配布された以下のアップデータには、何者かの手により**バックドアの不正なコード**が埋め込まれていたのです。

2019.4 -Hotfix 5
2020.2 （no hotfix）
2020.2 -Hotfix 1

　つまり、「Orion」のアップデータは攻撃者の手によってマルウェア化されてしまっていたわけです。

　この不正なアップデータには SolarWinds 社の正規デジタル署名が付加されていたため、正規の「Orion」コンポーネントはこれを正常に処理。

　攻撃者はセキュリティシステムをまんまとすり抜け、膨大な数の「Orion」ユーザーにバックドアを仕込むことに成功してしまったのです。

SolarWinds 社の正規デジタル署名が付加されているため、正規の「Orion」
コンポーネントによって正常に処理されてしまった（FireEye より）

＊

　ちなみに、SolarWinds 社によると、「Orion」のアクティブユーザー数は約 33,000 人。

　そのうち、18,000 人弱のユーザーがマルウェア化したアップデータを

インストールしてしまった可能性があるとされています。

■ 隠密性に特化した手動操作型マルウェア「SUNBURST」

攻撃者の手によってバックドアコードを埋め込まれた「Orion」の"アップデータ＝マルウェア"を、「FireEye」は「SUNBURST」（サンバースト）と名付け、ともに解析を主導した Microsoft は「Solorigate」と名付けました。

*

「SUNBURST」（Solorigate）は非常に隠密性に優れたマルウェアです。

まず、「SUNBURST」は標的への侵入に成功しても、すぐには活動を開始しません。

侵入成功から活動開始までには**12〜14日間の潜伏期間**が設定されており、アップデート直後の動作チェック期間を隠れ潜むようにやり過ごします。

さらに、潜伏期間が終わってからも、「SUNBURST」は派手な活動を行ないません。

*

「SUNBURST」は、かなり多彩な機能を備えたバックドアですが、強引な自動処理をほとんど行なわない、手動操作メインのマルウェアで、「C&Cサーバ」との接続こそ自動で処理しますが、その後は**攻撃者がコマンド経由で手動操作**するのが基本です。

しかも「SUNBURST」の活動は、ネットワークトラフィックは**正規「Orion」の「OIPプロトコル」に偽装**され、またアクティビティも正規の「Orion」のそれを装って実行されるため極めて隠密性が高く、これが9ヶ月もの長期間、見つかることなく活動を続けられた最大の理由です。

*

一般のマルウェアが力任せの粗暴な強盗なら、「SUNBURST」は辣腕のスパイ、あるいは忍者のようなマルウェアです。

もし昨年12月に狙った標的が世界トップレベルのセキュリティ企業「FireEye」でなかったなら、さらに長い期間、隠密諜報活動を継続していた可能性があります。

問題があった SolarWinds 社の事後対応

今回の事件が明るみに出る発端となった FireEye は、「マルウェア化したサービスを気付かず利用してしまった」という瑕疵こそあるものの、対応や情報公開に関しては非常に優秀でした。

流出してしまった内部ツールについても、12 月現在、すでにさまざまな安全対策を講じています。

また、「FireEye」とともに解析を主導した Microsoft も、「FireEye」から詳細が公表された翌々日には、「Windows 10」の標準コンポーネントである「Microsoft Defender AntiVirus」（ウイルス対策）を使って不正バージョンの「Orion」を強制遮断。

「Orion」ユーザーの間で一定の混乱が生じたものの、素早く強力な措置を講じたと言えます。

*

しかしその一方で、元凶と言える SolarWinds 社の対応は、お世辞にも褒められたものではありません。

SolarWinds 社は「FireEye」その他から指摘を受けて内部調査を行ない、12 月 16 日には自社製品の瑕疵を認めました。

しかし、16 日というタイミングは、Microsoft が「Microsoft Defender AntiVirus」を利用した強制遮断措置を講じた後で、"火元"企業の対応としては後手に回ったと言わざるを得ません。

加えて、こちらはより深刻なのですが、セキュリティ企業「GreyNoise Intelligence」の創業者 Andrew Morris 氏は、12 月 15 日に自身の Twitter で、「SolarWinds 社サイトからアップデートを入手して調べてみたら、**未だにバックドアが埋め込まれたままだった**」とツイートしています。

つまり、SolarWinds 社は「FireEye」から情報提供を受けた後も、マルウェア化したアップデータを放置していたことになり、これは大問題です。

さらに、これは真偽が定かではない情報ですが、「バグハンター」として知られている Vinoth Kumar 氏は 14 日、やはり Twitter で、

> SolarWinds 社に対して 2019 年 11 月、『御社ダウンロードサイトは FTP パスワードが非常に脆弱で、容易に悪意あるコードをアップロードできてしまう』との警告を送った

とツイートしています。

　当時 SolarWinds 社からは、お礼の言葉とともに「解決した」と書かれたメールが返信されたようです。

　Vinoth Kumar 氏のツイートがもし事実であれば、SolarWinds 社のダウンロードサイトは実に一年以上前から問題を抱え続けていた可能性すらあります。

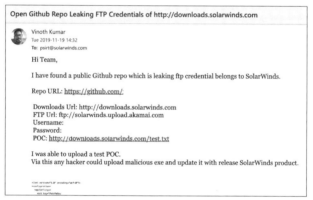

バグハンターとして知られる Vinoth Kumar 氏が 2019 年 11 月に
SolarWinds 社に送信したとされるメール
（Vinoth Kumar 氏の Twitter より：https://twitter.com/vinodsparrow）

＊

　……経済がグローバル化し、サプライチェーンが複雑に入り組む現在、そのもっとも脆弱な一点を攻撃する「サプライチェーン攻撃」は、もっとも危険なサイバー攻撃の一つです。

　にもかかわらず、残念ながらこれを防ぐ決定打は乏しいのが現状です。

Case 17 「スタンド・アローンPC」が ハッキングされる!? 「AIR-FI」

2020年12月、高いセキュリティが確保されているはずの「エアギャップ」状態のコンピュータを攻撃できる「AIR-FI」と名付けられた攻撃手法の研究論文が発表されました。

ここでは「AIR-FI」を中心に、「エアギャップ」の攻撃手法を紹介します。

機密情報や制御システムでは常識の「エアギャップ」

特定の標的に合わせて巧みにカスタマイズされた高度な「スピア型攻撃」や、製品やサービスのサプライチェーン全体から弱点を見つけ出し攻撃の突破口とする「サプライチェーン攻撃」など、サイバー犯罪がますます凶悪化する昨今。

実は、現在でも通用する「特効薬」と呼べるセキュリティ対策があります。

それは「エアギャップ」（Air Gap）です。

*

「エアギャップ」とは、「コンピュータ」や「サーバ」「LAN」などをネットワークに一切接続せず、「スタンド・アローン」で運用する方法、あるいはセキュリティ対策です。

「エアギャップ」状態のコンピュータは、Web サイトやメールすら見ることができないため利便性が低く、使いどころがかなり限られます。

ですが、その一方でネットワーク経由の攻撃をほぼ完全にシャットアウトできるため、極めて高いセキュリティが実現可能。

外部からアクセス可能なサーバに大量の仮想通貨「NEM」（XEM）を保存していて盗まれた Coincheck 社のような例もありますが、特に政府機関や企業では、機密情報が保存されているサーバや工場の制御システムなどは、「エアギャップ」の状態にしてアクセス権を絞るのが常識だと言えます。

■ AIR-FI

しかし昨年 12 月、「エアギャップ」に関する驚くような研究論文が発表されました。

イスラエルの Ben Gurio 大学の研究者である Mordechai Guri 博士によるこの研究論文の主役は、「AIR-FI」と呼ばれる攻撃手法です。

なんと、「エアギャップ」状態の「スタンド・アローン PC」から、人の手を借りることなく、「マルウェア」だけで情報を盗み出せるというのです。

「SDRAM」が「Wi-Fi カード」に!? 冗談のような「AIR-FI」

「エアギャップ」状態のコンピュータには、外部との通信経路が一切ありません。

そのため、「人の手」や「USB メモリその他の外部メモリ」を介する以外にはハッキング方法がない、というのが一般的な常識です。

しかし、「AIR-FI」は驚くべき方法で、「エアギャップ」状態のコンピュータから外部への情報送信を可能にしました。

それは、**「コンピュータの内蔵メモリを Wi-Fi カードとして利用する」**という、まるで冗談のような方法です。

コンピュータの中には多くの電子部品が詰め込まれていますが、電子部品に電流が流れると電磁波が発生します。

一方、Wi-Fi 信号は周波数「2.4GHz」の電磁波なので、理論上、「周波数 2.4GHz の電磁波を出せる電子部品」は、Wi-Fi カードの代わりとして利用できることになります。

そして、Guri 博士が目を付けたのが、どんなコンピュータにも搭載されており、ソフトウェア的に制御が容易な「内蔵メモリ」です。

マルウェアを使って特殊なデータの書き込み方を行なうと、コンピュータ

の内蔵メモリから「周波数2.4GHzの電磁波」を生成することが可能です。

つまり、「SDRAM」が「Wi-Fi信号」を発信できるようになるわけで、発信した信号はごく普通のWi-Fiレシーバーで受信できてしまう。

これが「AIR-FI」です。

「AIR-FI」の概念図。
「エアギャップPC」(A)内のマルウェアが、内部メモリを利用して2.4GHzのWi-Fi信号を生成。生成されたWi-Fi信号はノートPC(B)やスマートフォン（C）で容易に受信できる。
("AIR-FI:Generating Covert Wi-Fi Signals fromAir-Gapped Computers"より：
https://arxiv.org/pdf/2012.06884.pdf)

■ 現実的驚異になり得るか

幸い「AIR-FI」は、少なくても現時点においては、現実の脅威とは言えない攻撃手法です。

Guri博士の実験では、現行の「SDRAM」が発信できるWi-Fi信号はごく微弱なものなので、到達距離は2〜3m、最大でも8m程度と極めて限定的です。

加えて、通信速度は100bit/秒と低速で、「BER」（Bit Error Rate：通信時のエラー率）も8.75%と劣悪。

わずか1MBのデータ送信に20時間以上かかってしまうからです。

*

しかしながら、「ユーザー名とパスワード」は長くても十数文字ですし、「指紋認証」の認証用データですら数百バイト程度ですから、アカウント情報の窃取であれば通信速度の遅さはあまり問題になりません。

　また、信号の到達距離も、高性能な専用レシーバーを利用すれば伸ばすことは可能で、将来的には危険な攻撃手法となる可能性があります。

まだまだある「エアギャップPC」の攻撃手法

　「AIR-FI」の研究論文を発表した Guri 博士は、実は「エアギャップ」状態のコンピュータの攻撃を専門とする研究者で、Guri 博士と Ben Gurio 大学は「AIR-FI」以外にも多数、同種の研究結果を発表しています。

　また、Guri 博士以外にも、同種の研究を進めている研究者は多く、これまでにいくつもの研究論文や実証実験が発表されています。

TABLE I
SUMMARY OF EXISTING AIR-GAP COVERT CHANNELS

Type	Method
Electromagnetic	AirHopper (FM radio) [32], [34] GSMem (cellular frequencies) [31] USBee (USB bus emission) [33] AIR-FI (Wi-Fi frequencies)
Magnetic	MAGNETO (CPU-generated magnetic fields) [27] ODINI (Faraday shield bypass) [46]
Electric	PowerHammer (power lines) [42]
Acoustic	Fansmitter (computer fan noise) [40] DiskFiltration (hard disk noise) [37] Ultrasound [47] MOSQUITO (speaker-to-speaker) [38] [39] POWER-SUPPLAY (Play sound from Power-Supply) [26] CD-LEAK (sound from CD/DVD drives) [25]
Thermal	BitWhisper (CPU generated heat) [36] HOTSPOT (CPU generated heat received by a smartphone) [23]
Optical	LED-it-GO (hard drive LED) [44] VisiSploit (invisible pixels) [30] Keyboard LEDs [55] [41] Router LEDs [43] aIR-Jumper (security cameras and infrared) [28]
Vibrations	AiR-ViBeR (computer fan vibrations) [24]

これまでに発表されたさまざまな「エアギャップPC」の攻撃手法
("AIR-FI:Generating Covert Wi-Fi Signals fromAir-Gapped Computers" より：
https://arxiv.org/pdf/2012.06884.pdf)

*

以下でタイプ別に、主な攻撃手法を紹介します。

・YouTube のチャンネル「Cyber Security Labs @ Ben Gurion University」
「エアギャップ PC」攻撃の実証動画が多数アップロードされている
(https://www.youtube.com/channel/UCjCSvlOcENVupOXeiim1uOg)

■ 電磁波を利用する攻撃手法

「AIR-FI」の例からも分かるように、コンピュータに搭載されている電子
部品は、マルウェアなどで不正な操作を行なうことで「電磁波発生器」とし
て利用することが可能です。

どの電子部品を標的とするかによって、必要な操作や発生する電磁波はさ
まざまです。

・「ディスプレイ・ケーブル」から電磁波を放射する **「AirHopper」**
・メモリ操作により海外の 2G 携帯端末の標準規格である「GSM」形式の信号
を発信させる **「GSMem」**
・USB コネクタ経由で USB デバイスを電磁波発生器にしてしまう **「USBee」**

といったマルウェア / 攻撃手法があります。

■「磁気」を利用する攻撃手法

コンピュータからは「電磁波」だけでなく「磁気」も放射されており、マ
ルウェアを使って CPU 負荷を操作することで、CPU が生み出す磁場のコ
ントロールが可能です。

そして「磁場」は、スマートフォンなどに搭載されている「磁気センサー」
で容易に検出可能なので、これを利用した「エアギャップ PC」の攻撃が可能。
Guri 博士と Ben Gurio 大学は **「MAGNETO」「ODINI」** と名付けた磁気
を利用したマルウェア / 攻撃手法を公開しています。

なお、低周波の磁気放射を利用した攻撃には、「ファラデー・ケージ」に

よる電磁波ブロックの影響を受けない、という利点があります。

■「音」を利用する攻撃手法

　動作中のパソコンからは、ノイズや高周波音など、さまざまな音が発生していますが、音も「エアギャップPC」の攻撃に悪用可能です。

　どのハードウェアの音を利用するかで必要な操作や発生する音の種類は違ってきます。

- CPUやケースの「ファン回転数」を制御することでファンのノイズをコントロールする「Fansmitter」
- ハードディスクの「回転数」や「磁気ヘッド」を制御することで、ハードディスクから生じるノイズをコントロールする「DiskFiltration」
- 「コンデンサ」や「変圧器」を制御することで電源装置をスピーカーにしてしまう「POWER-SUPPLaY」
- 「スピーカー」や「ヘッドホン」を利用して人の耳には聞こえない「超音波」をやり取りする「MOSQUITO」

といったマルウェア/攻撃手法があります。

＊

　なお、IT機器の音声操作は今や珍しくなくなりましたが、今後音声操作の普及が進めば、音を利用した攻撃手法はかなり大きな脅威となる可能性があります。

■「熱」を利用する攻撃手法

　「発熱」は、高性能化と小型化がどんどん進むIT機器にとって常に変わらぬ厄介者ですが、実は熱も「エアギャップPC」の攻撃手段となり得ます。
　熱は電子機器の天敵なので、IT機器にはほぼ例外なく、「温度センサー」が搭載されているからです。

　つまり、マルウェアを使ってCPUやGPUの負荷を増大させ、コンピュータの温度を上げれば、「温度センサー」を搭載した機器でその変化を読み取

れるわけです。

熱を利用した「エアギャップ PC」の攻撃手法は **「BitWhisper」** や **「HOT SPOT」** の名で研究論文が発表されています。

ただし、熱操作を利用した「エアギャップ」の攻撃は、その性質上、「1 〜 8Bit/h」と極めて低速です。

■「光」を利用する攻撃手法

低速すぎて実用レベルの脅威とは言えない「熱」を利用した攻撃とは逆に、かなり危険度が高いものとして「光」を利用した攻撃が挙げられます。

*

まず、「LED」を利用した手法です。

コンピュータその他の IT 機器には「LED」が搭載されている例が多く、「LED」の点滅は「エアギャップ PC」の攻撃にかなり便利に使えてしまいます。

この種の攻撃手法は、利用する LED によって、

> ・ハードディスクの LED を利用する **「LED-it-Go」**
> ・ルーターやスイッチの LED を利用する **「xLED」**

など名付けられていますが、どれもマルウェアで LED の点滅を制御し、それを「監視カメラ」や「光センサー」で受信するという手法です。

*

また、より危険なものとして「赤外線」を利用する手法もあります。

監視カメラには暗視のため、赤外線の発信と受信、双方の機能が備わっています。

つまり、監視カメラ同士は人の目に見えない赤外線で双方向の通信が可能なわけで、Guri 博士らはこの種の攻撃を **「aIR-Jumper」** と名付けて警告しています。

*

……ここで紹介した以外にも、

> ・ システム負荷の変化による消費電力の増減を電源ケーブルやサービスメーターから読み取る「PowerHammer」
> ・ コンピュータのファンの「振動」をスマートフォンの加速度センサーで読み取る「AiR-ViBeR」

など、「エアギャップ」の攻撃手法にはさまざまなものが存在します。

　幸い、現時点ではどれも、「通信速度が遅い」「伝達距離が短い」「越えるべき技術的その他のハードルが高い」などの理由で、現実の脅威とは言えず、マルウェアに感染したUSBメモリの利用や、私物のIT機器を業務に使う「BYOD」、さらには内部犯によるスパイ活動といったすでに被害例が相次いでいる脅威とは比べるべくもありません。

　とは言え、「エアギャップ」も完璧ではないということは、頭の片隅に入れておいたほうがいいかもしれません。

索　引

[著者略歴]

御池 鮎樹 (みいけ・あゆき)

1974 年 京都生まれ
1997 年 大阪大学卒業
関西出身のフリーライター。
パソコン関係を中心に、音楽・歴史などのジャンルに手を
広げている。

[主な著書]

「サイバー危機」の記録
スマートフォン 個人情報が危ない!
セキュリティソフト導入ガイド
はじめてのウイルスセキュリティ ZERO
迷惑メール撃退マニュアル
はじめての AVG
はじめてのウイルスバスター 2010
はじめてのノートン インターネットセキュリティ 2010
マルウエア ——情報化社会の破壊者
わかるインターネットセキュリティ
他多数   (工学社)

本書の内容に関するご質問は、

①返信用の切手を同封した手紙
②往復はがき
③ FAX(03)5269-6031
　(返信先の FAX 番号を明記してください)
④ E-mail　editors@kohgakusha.co.jp

のいずれかで、工学社編集部あてにお願いします。
なお、電話によるお問い合わせはご遠慮ください。

I/O BOOKS

ネットワーク時代の落とし穴

2021 年 3 月 25 日　初版発行　ⓒ 2021

著　者	御池　鮎樹	
発行人	星　正明	
発行所	株式会社 **工学社**	
	〒160-0004 東京都新宿区四谷4-28-20 2F	
電話	(03)5269-2041(代) [営業]	
	(03)5269-6041(代) [編集]	
振替口座	00150-6-22510	

※定価はカバーに表示してあります。

[印刷] (株)エーヴィスシステムズ　　　　　　　　　　ISBN978-4-7775-2140-1